XV Premio de Ensayo Casa África

MBAYE BAYE MASSE

Nacido en Dakar (Senegal) en 1992, es un socioantropólogo que investiga sobre las dinámicas de movilidad, circulación y comercio entre África Occidental y el Magreb. Profesor de Sociología en la Universidad Gaston Berger de Saint-Louis (Senegal), enseña metodología de investigación cualitativa y cuantitativa, al tiempo que realiza investigaciones sobre el terreno acerca de los flujos migratorios y comerciales intraafricanos. Como creador de pódcasts, divulga sobre la complejidad de estos temas y entabla un diálogo abierto con los principales actores involucrados. Sus investigaciones revelan la importancia de las redes informales y las estrategias económicas locales frente a la dinámica mundial, poniendo de relieve una "globalización desde abajo" al servicio del desarrollo africano.

Mbaye Baye Masse

Socioantropología de la inmigración subsahariana

EN EL CORREDOR DE ROSSO, NUAKCHOT Y CASABLANCA

CON LA EDICIÓN DE TÍTULOS COMO ESTE, CASA ÁFRICA, EN COLABORACIÓN CON LOS LIBROS DE LA CATARATA, SE MARCA COMO OBJETIVO CONTRIBUIR A UN MEJOR CONOCIMIENTO DE LA ACTUALIDAD DE LOS PAÍSES AFRICANOS ASÍ COMO DE SU HISTORIA RECIENTE Y LOS EFECTOS EN LAS SOCIEDADES CIVILES A TRAVÉS DE LOS ENSAYOS Y TEXTOS DE AUTORES AFRICANOS Y AFRICANISTAS. POR TANTO, ESTA COLECCIÓN ABORDA TEMÁTICAS RELACIONADAS CON EL DESARROLLO Y EL POTENCIAL DEL CONTINENTE DESDE UN PUNTO DE VISTA ALEJADO DE LOS ESTEREOTIPOS CON LOS QUE TRADICIONALMENTE SE HAN ABORDADO LAS REALIDADES AFRICANAS.

Esta publicación está enmarcada en el proyecto COMPASS (1/MAC/4/7.2/0018) y es cofinanciada al 85% con fondos FEDER en el marco del programa MAC INTERREG VI-D 2021-2027.

Interreg
MAC

Cofinanciado por
la Unión Europea

DISEÑO DE CUBIERTA: MIKEL LAS HERAS

TRADUCCIÓN: ODILE JACLOT

FUENCARRAL, 70
28004 MADRID
TEL. 91 532 20 77
WWW.CATARATA.ORG

SOCIOANTROPOLOGÍA DE LA INMIGRACIÓN SUBSAHARIANA.
EN EL CORREDOR DE ROSSO, NUAKCHOT Y CASABLANCA

ISBN: 978-84-1067-162-1
DEPÓSITO LEGAL: M-23.534-2024
THEMA: JHMC/JBFH/1FH

"Descargo camiones, pero cargo con prejuicios basados en el color de mi piel, y también en mis orígenes geográficos. Para muchos, un inmigrante subsahariano es necesariamente un aventurero "irregular" y peligroso. Sin embargo, mi presencia aquí en Nuakchot es una elección, no una etapa hacia otro hipotético lugar. Mi sueño no es Europa. Soy un humilde trabajador dedicado a trabajar en esta magnífica África. Pero en los medios de comunicación y en los relatos políticos no se me conoce".

I. Maiga, 39 años, inmigrante maliense, estibador en Nuakchot

ÍNDICE

PRESENTACIÓN DE CASA ÁFRICA

La migración africana es un fenómeno complejo y multifacético que desafía las nociones simplistas que a menudo la rodean. En el discurso público predominan términos peyorativos como la palabra "clandestino" que, lejos de describir la realidad de los migrantes, contribuyen a la construcción de una identidad estigmatizada. Este marco de representación, cargado de prejuicios, evoca ecos del colonialismo y la esclavitud, que perpetúa una narrativa de hostilidad hacia aquellos que, en busca de nuevas oportunidades, cruzan fronteras y atraviesan mares. Al moverse, estas personas no solo desafían límites físicos, sino también fronteras sociales construidas a partir de estereotipos y miedos.

No nos cansamos de repetir que es crucial, para nuestro entendimiento de las movilidades, reconocer que la migración africana es, en gran medida, un fenómeno intraafricano. Las cifras revelan que millones de migrantes se desplazan dentro del continente, buscando mejores condiciones de vida en un contexto donde las oportunidades laborales y vitales escasean.

Esta realidad, a menudo eclipsada por tragedias mediáticas relacionadas con la migración hacia Europa, exige un análisis más profundo y matizado que contemple las dinámicas y motivaciones que mueven a las personas a migrar. La migración no es un fenómeno unidimensional, sino un entramado de movimientos que reflejan la búsqueda de estabilidad, seguridad y dignidad. La migración es natural: todos hemos sido migrantes, conocemos a migrantes, migraremos en algún momento.

El corredor transahariano que conecta Rosso, Nuakchot y Casablanca ejemplifica la complejidad que se niega a este fenómeno. En él se entrelazan historias de comerciantes, transportistas y trabajadores que contribuyen significativamente al desarrollo socioeconómico de la región. Este estudio, que obtuvo nuestro premio de ensayo y ahora publicamos, se propone ir más allá de los estigmas y las representaciones simplificadas, explorando la vida cotidiana de los inmigrantes subsaharianos y sus contribuciones al tejido económico de los territorios por los que transitan. A través de una metodología etnográfica multisituada, se busca ofrecer una perspectiva rica y matizada que permita comprender las realidades ocultas detrás de la migración en esta parte concreta del planeta.

En última instancia, este trabajo invita a replantear nuestras percepciones sobre la migración africana, situando a los emigrantes en el centro de la narración. Solo así podremos apreciar la riqueza de sus historias, sus luchas y sus contribuciones, entendiendo que la movilidad humana es, en esencia, una expresión de la resiliencia y la búsqueda de un futuro mejor.

José Segura Clavell
Director general de Casa África

INTRODUCCIÓN

En general, el amplio tema de la migración africana está cargado de nociones poco meditadas, abonadas por una opinión pública que le atribuye las burdas etiquetas de "clandestino", "buscavidas" o "contrabandista". A la larga, la clandestinidad y la irregularidad parecen dejar de ser meros calificativos y acaban convirtiéndose en rasgos de identidad reservados a los emigrantes africanos. Esto reabre las heridas del pasado y reaviva imágenes de esclavitud, supremacismo y colonialismo, todo ello teñido de hostilidad. Como consecuencia, los emigrantes africanos que cruzan las fronteras físicas también se enfrentan a la frontera de las representaciones negativas y los fuertes prejuicios. Esto pone en tela de juicio la "condición negra" en la movilidad humana. Es más, el revuelo mediático alimenta "la imagen contemporánea del negro africano que desembarca en las playas españolas, italianas o griegas procedente de las costas libias, marroquíes o tunecinas" (El Miri, 2018). Esto refuerza los sentimientos de negrofobia y de identidades amenazadas y pérdidas de empleo para muchos ciudadanos de varios países descritos como "zonas de acogida". Y sin embargo, si nos tomamos el tiempo de ir más allá de los prejuicios, veremos que, tras esta apariencia, la migración africana es más densa dentro del continente africano que entre él y el resto del mundo. De hecho, a mediados de 2020, se estimaba que 7,6 millones de migrantes africanos se desplazaban entre los países africanos, lo que da una idea de la magnitud de la migración intraafricana, sin contar a los migrantes estacionales que quedan fuera del censo (UN DESA, 2020). Estos últimos están en constante movimiento, yendo y viniendo entre dos, tres o incluso más países africanos. Pero esta faceta de la migración intraafricana queda eclipsada por las cientos de muertes de migrantes africanos ahogados en el mar a bordo de las "cayucos de la muerte" y el preocupante número de cadáveres en descomposición en el desierto del Sáhara, que rara vez conduce a Europa. Además, la curva de la migración intraafricana ha caído drásticamente tras largos periodos de estancamiento, provocados por la covid-19 y sus múltiples rebrotes en África, donde también se cerraron las fronteras. Todas estas fases han marcado la evolución de la migración africana, que se ha desarrollado en forma de onda en dientes de sierra. Plasmadas en determinadas imágenes y representaciones, son el árbol que oculta el bosque.

Sin embargo, hay que mirar los fenómenos migratorios africanos con ambos ojos para apreciar la otra cara de la moneda. En realidad, estas imágenes sensibles, difundidas a través de la prensa y las redes sociales, ofrecen una visión miope de las realidades de las migraciones intraafricanas. Estas últimas son mucho más complejas y requieren una inmersión profunda para comprender las lógicas migratorias, las motivaciones, las nuevas orientaciones y tendencias actuales, los distintos proyectos migratorios y, sobre todo, la importancia de la movilidad intraafricana. Esta "nueva mirada" debe basarse en enfoques renovados que sitúen al emigrante africano en el centro de la observación, yendo más allá de las estadísticas mudas y del estatus fijo de los países entre "zona de salida", "zona de tránsito" y "zona de acogida". A este respecto, en África Occidental, el corredor que une Rosso (frontera entre Senegal y Mauritania), Nuakchot (Mauritania) y Casablanca (Marruecos), de 2.500 kilómetros de longitud, es una zona de inmigración para los subsaharianos de diferentes orígenes y que trabajan en diversos sectores en este corredor. Se componen de varias categorías, desde comerciantes nómadas y camioneros hasta trabajadores, que constituyen una mano de obra abundante y comprometida en los esfuerzos de integración socioeconómica, como puede verse en la frontera de Rosso (Dimé, 2016), en los cruces migratorios, en las grandes ciudades marroquíes (Mehdi, 2005) y en los almacenes que salpican este corredor transahariano. Esta "presencia subsahariana en el Norte de África" (Bredeloup y Pliez) nos lleva a plantearnos una pregunta fundamental: ¿cómo contribuyen estos inmigrantes al desarrollo del corredor transahariano que une Rosso, Nuakchot y Casablanca? Esta tema de investigación se desglosa a su vez de tres preguntas: en primer lugar, ¿cuál es la identidad socioprofesional de estos inmigrantes subsaharianos? En segundo lugar, ¿cuáles son los puntos de paso obligados y los puntos de confluencia de estos inmigrantes subsaharianos a lo largo del corredor de Rosso, Nuakchot y Casablanca? Y, por último, ¿cuáles son los marcadores que contribuyen al desarrollo socioeconómico de los territorios situados a lo largo de este corredor transahariano? El objetivo de nuestra investigación es demostrar que el corredor de Rosso, Nuakchot y Casablanca, que no puede reducirse a una simple zona de tránsito, representa un destino meridional que genera una serie de oportunidades económicas atractivas para estos inmigrantes procedentes del África subsahariana. Consideramos la inmigración subsahariana a lo largo de este corredor transahariano como un continuo dinámico. En otras palabras, pretendemos ir más allá de la observación deun único lugar, para arrojar luz sobre la pregunta de investigación. Un único lugar de investigación, ya sea una frontera, un mercado o una estación, puede revelar aspectos interesantes de nuestro objeto de investigación, pero no proporciona información suficiente sobre las rutas, las etapas del viaje o las dimensiones socioculturales que entran en juego en estas movilidades subsaharianas. No nos permite captar las migraciones subsaharianas en movimiento, en el curso de la acción, en el dinamismo de las circulaciones intraafricanas. Esta carencia nos ha llevado a adoptar un enfoque más amplio y ambicioso, que nos ha obligado a recorrer este corredor junto a estos migrantes subsaharianos para captar las realidades "discretas", a ras de suelo, las prácticas migratorias "desde abajo". Así pues, el propio viaje fue el terreno de observación. Tuvimos que sentarnos junto a los inmigrantes en los autobuses, llevar nuestra mochila como ellos hasta las paradas, escuchar lo que se dice, se hace, se deshace y se vuelve a hacer en los pasos fronterizos, los mercados, los cruces de carreteras, las estaciones, los puntos de escala y los destinos finales para poder hacernos una idea real de su vivencia social. Así pues, no se trata de observar a los inmigrantes subsaharianos desde su lugar de asentamiento, sino desde un largo itinerario transahariano que comprende todas las etapas y realidades subyacentes a la movilidad subsahariana.

Para ello, hemos adoptado una metodología etnográfica multisituada (Marcus, 1995) que nos ha permitido observar varios lugares de estudio al tiempo que hemos realizado un esfuerzo analítico coherente en la búsqueda de personas, objetos o normas concretas. En el contexto de nuestra investigación, la etnografía multisituada supuso una observación en profundidad basada en la inmersión total y la proximidad constante a los inmigrantes subsaharianos a lo largo de este corredor transahariano.

Nuestra elección de los lugares de estudio (fronteras, paradas de autobús, cruces de carreteras, puestos de control, mercados, almacenes, etc.) estuvo guiada por nuestro seguimiento de los inmigrantes subsaharianos en estas zonas. Estos lugares del corredor transahariano representan microcosmos del tráfico subsahariano. Durante una estancia prolongada, nuestro objetivo era llevar a cabo un estudio tanto descriptivo como analítico de estos "informantes" para registrar "historias" y rellenar "hojas de papel" (Malinowski, 1993). En este enfoque, "lo que estudiamos no son los lugares. Lo que hacemos es estudiar en los lugares o con los lugares, si finalmente el objetivo es hablar de las personas que viven en un lugar determinado" (García, Álvarez y Rubio, 2011). Este arriesgado enfoque pone de relieve los retos que plantea la negociación de la relación de investigación. Nuestra preocupación constante fue encontrar el acercamiento adecuado para ser aceptados, para justificar nuestra presencia en el espacio social de estos inmigrantes, para encontrar los códigos apropiados de acceso a sus círculos grupales, aprovechar el momento oportuno para entrar en interacción y mantener una posición "correcta" en este terreno. Una tarea en absoluto fácil. Todo hacía pensar que cada entrevista, formal o informal, implicaba una nueva ronda de preguntas, una readaptación de posturas, una nueva entrada en materia, hasta el punto de que los perfiles y los antecedentes culturales cambiaban con cada encuentro. A pesar de nuestros esfuerzos por negociar un estatus de investigador independiente, sin afiliaciones políticas ni periodísticas, nuestro trabajo siguió suscitando expectativas y esperanzas. Al final, nuestra búsqueda de sentido, de una comprensión más profunda del mundo de estos inmigrantes subsaharianos, contribuyó al buen desarrollo de la investigación. En nuestro trabajo de campo, en pleno desierto, participaron trabajadores inmigrantes subsaharianos, transportistas y comerciantes nómadas con los que no compartíamos la misma realidad social, cultural ni lingüística. En consecuencia, una comunicación fluida implicaba a menudo utilizar una mezcla simplificada de diferentes referencias lingüísticas: francés "inventivo", wólof, árabe hasaní, expresiones connotativas, etc. Sin embargo, hablar la lengua del encuestado no garantiza necesariamente el éxito de la negociación de entrada en el terreno ni la durabilidad de la relación, ya que otros factores, como la desconfianza vinculada a cuestiones relativas a la legalidad, pueden desempeñar un papel soterrado en la relación de la encuesta.

La observación participante nos pareció una opción metodológica adecuada. "Participamos en la vida colectiva" de aquellos a quienes observamos a lo largo de nuestro viaje, intentando "esencialmente mirar, escuchar y conversar con la gente, recoger y reunir información", y dejándonos así "llevar por la situación" (Lapassade, 2002). La observación participante fue esencial para sumergirnos directamente en el entorno social y económico de los inmigrantes subsaharianos En definitiva, nos ha permitido ver, oír, sentir, experimentar y tratar de expresar lo que viven los emigrantes, comerciantes, transitarios, transportistas y otras figuras relevantes durante nuestras tres viajes sucesivos a lo largo de "ruta del desierto" de 2021 a 2023. Aplicamos la "fórmula de la participación", que nos exigía no quedarnos en afirmaciones de investigadores del tipo "lo sé, he estado allí, lo he visto", para ir más lejos y decir "me he instalado, me he quedado mucho tiempo, he aprendido una lengua, he participado en la vida cotidiana, he compartido los secretos de la organización, el sistema de creencias, he visto actuar a los líderes". En el mejor de los casos, "he vivido situaciones ordinarias y excepcionales y las relato de un modo riguroso según la frecuencia de los actos, aporto detalles, presento múltiples puntos de vista, antagónicos o complementarios; esto es lo que puedo decir a mi regreso, sobre la tribu en la que viví" (Peneff, 2009).

En los distintos mercados que visitamos, los comerciantes subsaharianos nos recordaban constantemente esta frase: "Mientras permanezcas en tu lugar, puedes investigar en paz. No juzgues nuestras costumbres. Observa, pero guárdate tu moral". Su desconfianza reforzó la necesidad de que utilizáramos la herramienta de la observación participante, que ha demostrado ser inestimable para recopilar datos no verbales, como los significativos gestos de los inmigrantes subsaharianos, las expresiones faciales, los destellos de los faros intercambiados por los transportistas de inmigrantes en sus fugaces encuentros, las actitudes de desconfianza y también los momentos de alianza.

Además, en nuestra recolección de datos nos quedó claro que la entrevista tradicional basada en una guía estándar no captaba toda la riqueza de las experiencias de los inmigrantes subsaharianos. A menudo daban respuestas estereotipadas que no reflejaban la compleja realidad sobre el terreno. En varios de los casos que encontramos, comprendimos por qué el uso de entrevistas semidirigidas y con plantillas preestablecidas resultaron contraproducentes. Rápidamente abandonamos este enfoque estructurado de las entrevistas y adoptamos una perspectiva en la que queríamos aprender de los entrevistados. Nos dimos cuenta de que, para comprender su mundo, necesitábamos intercambiar opiniones e ideas sobre ellos, sus actividades y sus trayectorias. Explicarles que simplemente queríamos aprender de ellos y comprender su mundo no siempre era suficiente para animarles a expresarse plenamente. Esta transición fue especialmente necesaria en el caso de los participantes que desconfiaban de la investigación debido a la constante represión policial y a los intentos de infiltrarse en su entorno, sobre todo en el caso de los inmigrantes en Cham'mi, a quienes se suele percibir como "aventureros".

Para abordar nuestra pregunta de investigación, nos basaremos en un corpus de datos recogidos entre 2021 y 2023, compuesto por 55 notas de observación in situ, en la frontera de Rosso (Senegal-Mauritania) y Guerguerat (Mauritania-Marruecos), en las paradas de autobús de Nuakchot (Tiguent, cruce de Bamako, PK7, Cham'mi) y en Casablanca (mercado senegalés, barrio de Sidi Maârouf). También realizamos entrevistas en el "campamento senegalés" de Dajla y en el mercado Hizgane de Agadir. A continuación, realizamos 45 entrevistas semidirigidas y cuatro grupos de discusión con inmigrantes subsaharianos y algunos de sus empleadores.

En las páginas que siguen, presentaremos primero los perfiles sociológicos de los inmigrantes subsaharianos, después revelaremos las etapas de su viaje y sus puntos estratégicos de paso y, por último, mostraremos su contribución al desarrollo comercial de los territorios situados a lo largo de este corredor transahariano.

CAPÍTULO 1

PERFILES DE LOS INMIGRANTES SUBSAHARIANOS EN EL CORREDOR DE ROSSO, NUAKCHOT Y CASABLANCA

El retrato sociológico de los inmigrantes subsaharianos, teniendo en cuenta variables como el sexo, la edad, las motivaciones, la afiliación a grupos de oportunidad y las trayectorias, ha permitido comprender mejor la composición social de estos actores. La mayoría de los inmigrantes que se instalaron en Nuakchot y Casablanca procedían de Senegal (50%), Mali (23%), Níger (15%), Costa de Marfil (7%) y Guinea-Conakry, en particular de la ciudad de Labé (5%). La mayoría de estos inmigrantes tenían entre 15 y 35 años, y solo 3 de ellos eran mujeres. Esto demuestra que la inmigración subsahariana está compuesta en gran parte por jóvenes en edad de trabajar y está dominada por una fuerte presencia masculina. De estos 65 inmigrantes subsaharianos, el 73% ya estaban cualificados en oficios manuales: albañilería, costura, pesca y panadería, y el 15% tenía el bachillerato o equivalente en árabe. Estos datos golpean como un martillo en la pantalla de los prejuicios que los presentan como analfabetos y sin formación profesional. La motivación más frecuentemente expresada es la de obtener recursos financieros para recuperar un estatus social: "Me sentía realmente inútil en casa. Mi trabajo de modista no me permitía pagar las facturas del agua o de la electricidad. Así que decidí venir a trabajar aquí. Algún día me respetarán" (A. Laye, 29 años, inmigrante senegalés en Agadir). En este testimonio resuena con mayor profundidad:

> Hay dos tipos de riqueza. La riqueza de nacimiento que encuentras en el acto. No tiene ningún mérito personal. En el peor de los casos, se pierde por falta de madurez, que siempre falta en los jóvenes ricos. Luego está la riqueza accidental. Alguien te lega sus bienes como don incondicional. Es una cuestión de azar o suerte. Pero cuando no naces con las cartas adecuadas en la mano, y no tienes las habilidades adecuadas, es una cuestión de suerte nihas tenido la suerte de cruzarte con generosos multimillonarios, sólo le queda una última opción: ir a cruzarse con la riqueza. Esta es la última forma de riqueza, llamémosla "la riqueza del camino". Esta riqueza del camino es la más importante para mí, porque durante tu búsqueda, trabajas en tu humanidad. Te forjas, aprendes, pierdes y recuperas la confianza... A veces tienes hermosos encuentros humanos que valen más que todas las riquezas del mundo: una esposa, amigos fieles, un socio... Soy uno de esos cazadores de las riquezas del camino. La vida no fue amable conmigo en Labé (Guinea Conakry). Por eso estoy en Casablanca. No tuve más remedio (Alpha, inmigrante guineano, mozo de almacén en el mercado senegalés, Casablanca).

Descritos como "cazadores de oportunidades económicas", los inmigrantes subsaharianos tienen muchas caras, reflejo de la diversidad de perfiles tanto en Nuakchot como en Casablanca: "emigrantes de reemplazo", "lagartos del desierto" y nómadas "loumas", un grupo de comerciantes ambulantes que recorren este corredor en búsqueda de nuevos mercados y productos extranjeros.

1.1. MIGRANTES DE REEMPLAZO: LA MOVILIDAD AL SERVICIO DE LA SUSTITUCIÓN PROFESIONAL

En el contexto de los trabajadores inmigrantes en Nuakchot, el inmigrante de reemplazo es un perfil emergente. Se refiere a los nuevos inmigrantes subsaharianos que se instalan en Nuakchot y Casablanca con el único objetivo de sustituir a los trabajadores que han resultado heridos o discapacitados por accidentes laborales. Estos accidentes incluyen fracturas de huesos al descargar camiones, contusiones, colisiones entre vehículos, quemaduras por fuego, inhalación de productos corrosivos, intoxicaciones, choques entre carros, malas posturas al levantar pesos y frecuentes dolores de espalda. Estas formas bastante habituales de accidente propician sustituciones en sectores en los que se exige un gran y continuo esfuerzo físico: carga y descarga de camiones, venta ambulante de grandes sacos de verduras, transporte de cargas pesadas...

En la fotografía de la izquierda, la mano de un inmigrante senegalés, antiguo empleado en una planta de transformación de Dajla, está agrietada por el ácido sulfúrico. En la segunda foto, a la derecha, el pie de un inmigrante guineano, antiguo estibador en el mercado del Cinquième de Nuakchot, queda aplastado bajo el peso de un contenedor que una grúa dejó caer accidentalmente mientras lo descargaba.

FOTOGRAFÍA 1

INMIGRANTES SUBSAHARIANOS QUE HAN SUFRIDO ACCIDENTES DE TRABAJO EN MAURITANIA Y DAJLA

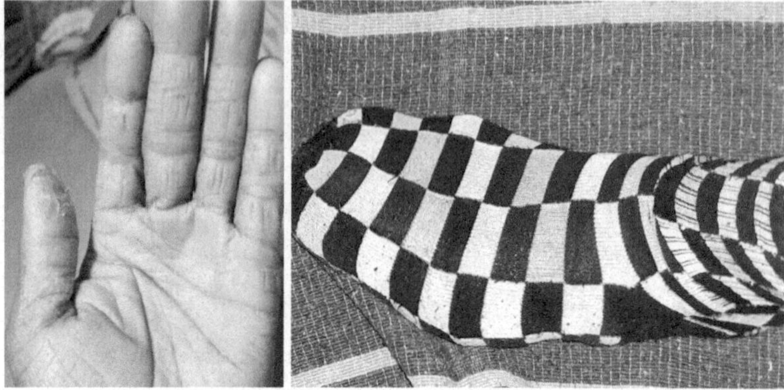

Fuente: Baye Masse, 2023.

Cuando se producen estos accidentes, el reemplazo comienza por elegir a los sustitutos en función de los vínculos de confianza, a menudo ligados a lazos familiares. En primer lugar, se suele seleccionar a los emigrantes de relevo sobre la base de estrechos vínculos familiares, de amistad o comunitarios para proporcionar una sustitución temporal o permanente, dependiendo del grado de enfermedad o gravedad del accidente laboral. No es necesario que este nuevo emigrante tenga aptitudes similares a las de la víctima, ya que estos trabajos requieren más fuerza física que aptitudes intelectuales. Además, la expresión "yeufi goor la" (es un asunto de hombres y, por tanto, de valor) sugiere que la fuerza física es la principal cualidad buscada en estas sustituciones entre inmigrantes subsaharianos.

Sin embargo, el emigrante sustituto sigue las instrucciones y consejos del trabajador original para obtener orientación e información específicas. Aprenden los trucos del oficio a través de las redes informales forjadas a lo largo del tiempo con sus compañeros de trabajo. Se trata, pues, de una migración de mano de obra de reemplazo que puede considerarse una estrategia para evitar el desempleo y la pobreza galopante. Refleja la determinación de estos inmigrantes por conserver su empleo, los contratos y las oportunidades de trabajo. Es también una estrategia comunitaria para mantener la continuidad de las actividades económicas en sectores donde la mano de obra es esencial y donde las interrupciones tienen repercusiones negativas en la cadena de suministro, la producción o los servicios mercantiles. Refleja una dinámica de solidaridad y ayuda mutua dentro de las comunidades de inmigrantes subsaharianos, donde las relaciones familiares y sociales se movilizan para satisfacer las necesidades inmediatas. Además, este fenómeno ilustra la capacidad de adaptación de estos trabajadores subsaharianos y de sus redes ante situaciones imprevistas y los retos inherentes a las condiciones de trabajo, a menudo precarias y muy duras. Ante los riesgos de la vida laboral, los inmigrantes subsaharianos reemplazan a trabajadores enfermos por otros sanos para mantener las fuentes de ingresos dentro de su círculo social y contribuir económicamente a la supervivencia de sus familias y de los miembros que no pueden trabajar. Por ello, los migrantes de reemplazo se consideran "salvavidas" para mantener un nivel mínimo de ingresos.

> Tras una grave colisión entre dos camiones, sufrí graves lesiones y acabé pasando una larga temporada en el hospital. Mis compañeros de trabajo, conscientes de mi

> situación, decidieron llamar a sus conocidos para que me sustituyeran temporalmente. Como solo tengo hermanas, no tenía ningún familiar que pudiera sustituirme. Así que conseguí un principiante hábil y obediente con el que comparto en el hospital todos los fines de semana mi experiencia de conducir camiones: instrucciones sobre rutas, trámites aduaneros y los pormenores del transporte de mercancías, consejos y trucos basados en mi experiencia (anónimo, maliense, camionero, en Agadir).

En la frontera de Rosso, el trabajo de descarga es un medio de vida cotidiano para muchos inmigrantes subsaharianos. A falta de aparcamiento, los camiones se alinean hasta donde alcanza la vista en el arcén de la carretera Rosso-Senegal, junto a la tapia del cementerio, dando lugar a un fructífero trabajo diario de descarga y recarga "para jóvenes desempleados y cabezas de familia espabilados" (A. Diallo, guineano de 34 años, jornalero en Rosso). Estos camiones transportan sobre todo yeso para la construcción[1], piezas de recambio de automóviles, verduras y frutas, muebles de oficina y equipos electrónicos, "fourre-tout"[2] y vehículos todoterreno.

1. "Alrededor de 150 toneladas de yeso al mes" (transitario, Cité Niakh).
2. Contenedor mauritano con diversos productos: galletas, pasta de dientes, harina, chilabas, zapatos, etc.

FOTOGRAFÍA 2

UNA FILA DE CAMIONES ESTACIONADOS EN ROSSO-SENEGAL ESPERANDO SU TURNO PARA DESCARGAR

Fuente: Baye Masse, 2023.

Sin embargo, por la noche, esta larga hilera de camiones es un caldo de cultivo para la inseguridad y los altercados que le siguen: atracos, robos, tráfico de drogas y prostitución juvenil.

En resumen, los migrantes de reemplazo rompen con las figuras habituales de los migrantes africanos (aventureros, clandestinos, refugiados, etc.) y sientan las bases de una nueva forma de inmigración basada en la sustitución profesional. Su viaje no está marcado por la incertidumbre y la irregularidad. Sin antecedentes migratorios hacia Europa, se les considera "ruedas de repuesto" para conservar los contratos y las oportunidades de empleo ya obtenidos por los inmigrantes accidentados. Estos últimos, que no se benefician de ningún tipo de seguridad social, se han dado "el derecho a elegir un sustituto con el acuerdo del empresario. Eso es lo mínimo" (I. D, 27 años, trabajador marfileño, inmigrado en Nuadibú).

1.2. 'LAGARTOS DEL DESIERTO', CONDUCTORES EN EL TRANSPORTE DE MERCANCÍAS

Los "lagartos del desierto"[3] son un grupo de transportistas subsaharianos, la mayoría residentes en Nuakchot, Nuadibú y Agadir, de edad avanzada y, por tanto, muy experimentados, que presentan una serie de particularidades. A pesar de la normativa vial, la fragilidad de sus cargamentos y las constricciones de los plazos de entrega fijados por sus clientes, disponen de "mapas mentales de las rutas y grandes atajos de los diferentes carreteras y vías para surcar eficazmente el transahariano" (anónimo, 33 años, cokser[4] en Rosso). Son los responsables técnicos de los camiones por sus conocimientos mécanicos y se encargan de transportar las mercancías hasta su destino final. Ofrecen dos formas de servicio de transporte: entrega directa a un solo cliente (transporte exclusivo) o entrega mixta, en la que varios clientes comparten el espacio de cargamento en el mismo camión (grupaje).

> La distinción entre nosotros como transportistas y el resto de los conductores es esencial para entender nuestro perfil. Veamos los verbos con sus complementos de objeto y se entenderá mejor. Se dice "calentar un motor". El objeto importante aquí es el motor, asociado a placeres personales

3. Al igual que el lagarto es conocido por su agilidad y adaptabilidad a entornos difíciles, estos conductores especializados también son muy hábiles para maniobrar sus camiones en las estrechas y accidentadas vías de la ruta transahariana con altas temperaturas y vientos arenosos.
4. Una distorsión de "coach", que se refiere a un organizador de la red local de transporte en taxi.

> como la velocidad y la potencia. Es el aspecto superficial de la conducción, que revela una cierta vanidad social en realidad. Por el contrario, cuando decimos "transportar vidas" o "transportar mercancías" implica una mayor responsabilidad hacia la vida humana, da una gran importancia a la responsabilidad, la seguridad, la riqueza y la preservación de las fuentes de ingresos para las empresas comerciales a gran escala. Nuestra responsabilidad es inmensa y exige una seriedad absoluta en nuestra conducta... (anónimo, "lagarto del desierto", Nuakchot).

Los "lagartos del desierto", célebres por sus excepcionales dotes de conducción en situaciones difíciles, tienen una concepción particular del transporte transahariano, basada en creencias y prácticas que determinan su manera de viajar por el desierto. Una de ellas, profundamente arraigada en su conciencia colectiva y ampliamente compartida dentro de su círculo, consiste en viajar deliberadamente los días impares del mes, ya que tienen fama de ser más tranquilos y propicios para hacer la travesía. Minimizan las interferencias de "entidades invisibles" y aligeran sus viajes, a menudo peligrosos, sobre todo de noche. En resumen, esperan aprovechar la debilidad de los "espíritus del desierto" para garantizar la fluidez de las transacciones y preservar los cargamentos que transportan:

> Conducimos de noche y no hay alumbrado público en toda la ruta Rosso-Nuakchot-Casablanca. Vemos cosas increíbles: un caballo negro de dos patas aparece de repente ante nuestros faros en plena noche, una marea de sangre se

desliza debajo de nuestro camión. Nos vemos obligados a detenernos y empezar a recitar conjuros y suras protectoras hasta que vuelve la calma. Y hablo de cosas ciertas, vividas a lo largo de esta ruta transahariana cargada de incertidumbre. Hoy en día, no es ningún secreto que los días impares se consideran momentos de relativa calma para estos espíritus del desierto (Niang, "lagarto del desierto", Nuadibú).

Esta creencia atestigua la riqueza cultural y espiritual que impregna el transporte nocturno de mercancías. Frente a lo desconocido y las fuerzas misteriosas que surgen de las profundidades de las arenas del Sáhara, estos conductores mantienen una reputación de "maestros del desierto" capaces de leer el cielo para descifrar los "mensajes del viento". Esta creencia se ve reforzada por la práctica de rezos, rituales e invocaciones, desde ofrendas de sobres de azúcar para esparcir en el desierto hasta talismanes y amuletos que inundan las cinturas y cuellos de los transportistas. A los camiones se les dedican rituales de purificación, con símbolos específicos "para protegerlos de los peligros y los espíritus malévolos, y para eliminar las energías negativas y las influencias indeseables" (anónimo, "lagarto del desierto", 41 años, Nuakchot). Así, la estrella y la media luna del Islam, caligrafías árabes con versículos (Ayatoul koursiyu) son las prácticas purificadoras más utilizadas y se incorporan al marcado de los camiones.

Observamos una alta concentración de camiones que cruzan la frontera en días impares, lo que da cuenta de la importancia de esta creencia compartida para los transportistas. No obstante, estas creencias y comportamientos específicos de los "lagartos del desierto" repercuten en la logística y en la coordinación del transporte de mercancías a lo largo de este corredor, lo que se traduce en eventuales retrasos y paradas frecuentes debido a la realización de abluciones, todo lo cual provoca demoras en la entrega de mercancías.

FOTOGRAFÍA 3

PARTE TRASERA DEL CAMIÓN DE UN "LAGARTO DEL DESIERTO" CON EL DIBUJO DEL OJO DE FÁTIMA Y DE "MAME BAMBA" (AMADOU BAMBA) JUNTO CON UNAS RAMAS DE ÁRBOL "PROTECTORAS" COLGADAS EN LOS LATERALES

Fuente: Baye Masse, 2023.

Por otro lado, los "lagartos del desierto" se agrupan en una red social de transportistas "veteranos", que sirve para catalizar las ofertas del mercado más atractivas. Rosso es un importante centro comercial en África Occidental, y Casablanca es un relevante núcleo económico en África del Norte. Esto significa que hay un flujo constante de mercancías que transportar a los territorios intermedios. Además, esta carrera por el beneficio ha dado lugar a la práctica de "pasar el testigo" ("diokh sa way mou nane"[5]) entre los "lagartos del desierto". Esto remite su empeño por acumular varios contratos de entrega entre Rosso, Nuakchot y Casablanca, pero al verse limitados por el volumen de encargos de transporte y los ajustados plazos de entrega, subcontratan los servicios de otros miembros de su red a cambio de atractivas comisiones:

> En este caso, yo, transportista principal o subcontratista inicial, elaboro un contrato moral para una entrega urgente con tres personas competentes de nuestra red: un transportista, un mecánico y dos auxiliares de cabina. Les explico que, por limitaciones de tiempo, capacidad y energía, delego en ellos parte del servicio. Es importante ser claro con ellos. De lo contrario, irán directamente a los grandes distribuidores para intentar convencerles de que les contraten para las próximas entregas. Y a nuestro nivel, la competencia es tal que cada transportista tiene que tener un mayor volumen de contratos de reparto para salir adelante. Eso es lo que significa "pasar el testigo" a los demás para que también puedan aprovechar algunas oportunidades (Diop, 43 años, "lagarto del desierto", Casablanca).

En efecto, el fenómeno de "pasar el testigo" hace referencia a la situación en la que los miembros de una red de transportistas se transmiten las oportunidades de realizar encargos de entrega urgentes. Revela la naturaleza oportunista de las

5. Expresión wólof que remite al recipiente del que beben los miembros de la familia para saciar su sed. Cada uno debe pasar el recipiente a la siguiente persona próxima tras haber bebido. Una expresión que por extensión y en sentido figurado utilizan estos actores cuando se pasan oportunidades entre ellos.

redes subsaharianas y expresa una dinámica de solidaridad que trasciende las divisiones políticas de los Estados africanos.

1.3. LOS LOUMAS NÓMADAS: LOS 'NUEVOS CARAVANEROS' COMERCIANTES

Se trata de comerciantes subsaharianos itinerantes, la mayoría de los cuales están establecidos en Casablanca. Desde aquí, llevan mercancías baratas o de segunda mano a los mercados locales y tradicionales de Nuakchot y Rosso. Gracias a su búsqueda de productos, abastecen a las poblaciones vernáculas de alimentos variados, desde verduras hasta especias. El comercio de los loumas nómadas se caracteriza particularmente por una serie de prácticas comerciales que atraen a un gran número de clientes. En los bulliciosos corredores del mercado del Cinquième (Nuakchot) y del mercado senegalés (Casablanca), fuimos testigos de sus vistosos espectáculos de danza, de las canciones y palabras halagadoras que dirigían a los clientes curiosos por descubrir su productos y deseosos de disfrutar de una experiencia comercial inusual. Dando palmas, crean ritmos hechizantes que sumen a los espectadores en un ambiente festivo, creando una atmósfera de alegría y celebración. Atraen de este modo a todos los compradores potenciales que, con una amplia sonrisa, se acercan y preguntan por los precios de los productos expuestos en los puestos.

Además, los embriagadores aromas de las especias y las especialidades exóticas en los toldos instalados detrás de los puestos atraen a los compradores. Estos puestos están repletos de platos deliciosos y auténticos, que ofrecen una verdadera sinfonía de sabores. Al degustar estos platos, los clientes se sumergen en las tradiciones culinarias locales, que les transportan al corazón de las vibrantes culturas de África Occidental: tanjia, mafé, benaveu, foufou, attiéké.

FOTOGRAFÍA 4

UN LOUMA NÓMADA EN SU PUESTO DEL MERCADO DEL CINQUIÈME (NUAKCHOT)

Fuente: Baye Masse, 2023.

Mi mujer y yo somos comerciantes itinerantes. Nos dimos cuenta de que los mejores negocios vendrían de explorar nuevas culturas y de los intercambios con gente de diversas procedencias. Así que decidimos combinar nuestros puntos fuertes y crear una experiencia única para nuestros clientes. Mi mujer es una cocinera con talento, capaz de preparar platos exóticos y deliciosos de distintas partes del mundo. Ella aporta esta diversidad culinaria a nuestro negocio móvil. Junto a mí, vende a los clientes platos que despiertan las

> papilas gustativas e invitan a los clientes a viajar a través de los sabores. Me apasionan la música y la danza. Canto canciones tradicionales de distintas culturas y bailo danzas rítmicas que reflejan el espíritu de nuestras culturas. De este modo, creo un ambiente festivo y cautivador que deleita a nuestros clientes y fortalece nuevas conexiones más allá de las fronteras. Es increíble ver cómo nuestra pasión compartida ha creado oportunidades fructíferas para nuestro negocio. Hemos creado una clientela fiel que vuelve regularmente a disfrutar de nuestros productos y sabrosa comida en un ambiente único (A. Cissoko, 41 años, louma nómada, Casablanca).

Así pues, las artes musicales y culinarias son también un elemento diferenciador de las loumas nómadas frente a sus competidores en estos mercados. Al ganarse la atención de los clientes potenciales, despiertan la curiosidad y el interés de estos ante la oportunidad de explorar y experimentar culturas diferentes. Atraídos por el ambiente, la autenticidad y la diversidad cultural, los clientes acuden a los puestos y casetas de loumas nómadas antes que a los de otros.

FOTOGRAFÍA 5

UN PUESTO DE LOUMAS CON VERDURAS, ESPECIAS Y PESCADO EN NUADIBÚ

Fuente: Baye Masse, 2023.

Así pues, los loumas nómadas son auténticas "hormigas" que pululan entre los territorios de este corredor, aprovechando los precios diferenciales entre los tres países que atraviesan: el franco CFA para Senegal, el uguiya para Mauritania y el dirham para Marruecos. Están constantemente a la búsqueda de oportunidades de negocio y toman decisiones estratégicas para ampliar su negocio y enriquecer sus carteras de clientes. También desempeñan un papel importante a la hora de garantizar la solidaridad entre los agentes en tiempos de crisis. Han instituido un sistema de intercambios y trueques abierto a los inmigrantes subsaharianos, comerciantes y tenderos, atrapados en situaciones vitales de urgencia durante los peores momentos de la covid-19.

> En 2019, cuando la covid-19 estaba en pleno apogeo, me preocupaba mi supervivencia. Sabía que mis muebles no podrían llenar mi barriga. Así que les hice un buen precio a los loumas nómadas aquí en el mercado senegalés. Pude reponer alimentos y suministros médicos para mi familia, especialmente para mi hija de 5 años, que tiene una grave discapacidad. Apenas puede andar bien. Los loumas nómadas fueron los únicos que aceptaron comprar, mientras que los demás comerciantes intentaron especular (anónimo, conductor de triciclo, mercado senegalés en Casablanca).

De este modo, los nómadas loumas, con su capacidad de adaptación e incluso de auténtica resiliencia, han sabido encontrar oportunidades y estrategias novedosas para apoyar a sus compañeros que se han visto perjudicados por la pandemia de covid-19. Su capacidad para mantener los intercambios comerciales buscando nuevas salidas favorece la continuidad de las actividades comerciales. Y sus esfuerzos de apoyo y solidaridad consolidan aún más la comunidad comercial transnacional. Esto demuestra que los loumas nómadas, a pesar de los horrores de la pandemia y de las restricciones impuestas, son los comerciantes más consolidados porque disponen de recursos adicionales. Han aprovechado la oportunidad para ayudar a sus pares en dificultades, que habían experimentando una drástica caída de la demanda y atravesado dificultades financieras. Procedieron a la compra de mercancías "ocasionales" no vendidas en una situación de crisis, mientras los comerciantes conservaban sus recursos para su propia supervivencia. De este modo, han permitido a los pequeños comerciantes y tenderos en dificultades recuperar parte de sus inversiones y reducir sus pérdidas. Para ello, han utilizado sus propias redes de distribución y los distintos canales de venta existentes para vender los productos adquiridos, que se encargan de decorar o repintar para ofrecerlos en mercados lejanos, a personas de buena voluntad o, a veces, a organizaciones benéficas: "Conozco a una autoridad que me compra constantemente productos para las daaras: galletas, sacos de azúcar, abanicos, sábanas, sandalias, etc." (anónimo, louma nómada, 45 años, mercado Capitale de Nuakchot).

Mirando más lejos, los loumas nómadas se han convertido en los nuevos caravaneros del mundo contemporáneo; estas "hormigas" que recorren los mercados transaharianos, absorbiendo mercancías de todo tipo por el camino, elevan el comercio nacional a una escala transnacional a lo largo de esta ruta. Según Y. Ba, de 51 años, delegado del mercado de Dajla:

> Más que hormigas, son "aves de rapiña" que no dejan nada al azar: camelotes, chatarra, curiosidades, viejas espadas de guerra, reliquias culturales, "agua" de las jorobas de un camello... Utilizo el término "rapaces" sin malicia, solo para mostrar su apego al comercio. En su percepción, todo es comerciable, incluso la arena pintada. Les vendes un chisme cuyo valor subestimas, pero gracias a su inteligencia saben que ese artilugio les va a hacer ganar mucho dinero en otra parte.

La capacidad de adaptación, la toma de decisiones estratégicas y el espíritu solidario de los nómadas loumas subrayan su singularidad e importancia en los intercambios entre inmigrantes subsaharianos y empresarios locales en este corredor.

En resumen, los loumas nómadas son comerciantes subsaharianos itinerantes que contribuyen significativamente a la dinámica de los flujos comerciales transaharianos. Facilitan y enriquecen el comercio ofreciendo platos exóticos, adaptándose a las cambiantes demandas del mercado y reforzando sus vínculos sociales y culturales con los actores locales. Su papel es esencial para la conectividad socioeconómica de los tres países atravesados por este corredor. Han desarrollado una cierta inteligencia de mercado que consiste en recopilar, analizar y utilizar información estratégica sobre mercados, productos, servicios e informes de la competencia con el fin de tomar decisiones fundamentadas para ampliar sus fuentes de suministro. Su olfato para detectar nuevos países africanos atractivos demuestra su capacidad para adaptarse y ajustar sus estrategias en función de las oportunidades que se presentan día a día.

CAPÍTULO 2

PRINCIPALES RUTAS DE LOS INMIGRANTES SUBSAHARIANOS A LO LARGO DEL CORREDOR

Los desplazamientos de los africanos subsaharianos distan mucho de ser lineales y fluidos, como un largo río tranquilo. Aunque forman parte de un continuo dinámico, también están sometidos a una serie de controles administrativos en las fronteras y los puestos de control de carretera.

2.1. LAS FRONTERAS DE ROSSO Y GUERGUERAT: ATALAYAS FUNDAMENTALES DEL TRÁFICO SUBSAHARIANO

La frontera de Rosso es un lugar de paso obligatorio. Los agobiantes protocolos, las largas colas de espera, las elevadas tasas aduaneras y la adrenalina a flor de piel marcan la relación entre los migrantes y las autoridades fronterizas. Diariamente, un centenar de migrantes hacen cola por orden de llegada para realizar sus trámites de viaje. Agolpados a las puertas de las oficinas administrativas para realizar los trámites de registro, se apiñan después en las ventanillas para recibir sus documentos sellados.

FOTOGRAFÍA 6

MIGRANTES SUBSAHARIANOS EN LA FRONTERA DE ROSSO A LA ESPERA DE REALIZAR LOS TRÁMITES DE VIAJE

Fuente: Baye Masse, 2023.

La pandemia mundial ha sido un episodio de gran impacto en el movimientos migratorios de los africanos subsaharianos, a los que se ha paralizado discontinuamente en los periodos de desconfinamiento y reconfinamiento. Este virus provocó un "mbass-mi"[6]. Muchos inmigrantes subsaharianos se encontraban en una situación de "estancamiento circular", amenazados por una prolongada vulnerabilidad económica debida al cierre de las fronteras. Como consecuencia, el pago del alquiler, la comida diaria y otros gastos de supervivencia les asediaban en Rosso. Las implicaciones de esta pandemia para el tráfico transahariano entre Rosso, Nuakchot y Casablanca han sido múltiples. Imposibilitó el comercio transnacional, congeló los movimientos oscilantes de mano de obra, puso en cuarentena las fronteras tomando por sospresa a los transportistas subsaharianos y paralizó la economía

6. Término wólof utilizado para referirse a la drástica caída de las economías y actividades humanas provocada por la pandemia de covid-19.

fronteriza. No obstante, la covid-19 dio lugar a nuevas condiciones de circulación transfronteriza en las fronteras de Rosso y Guerguerat.

En primer lugar, la frontera de Rosso, gravemente sacudida por la pandemia de covid-19, ha reabierto tímidamente sus puertas, pero filtra cada vez más a los inmigrantes subsaharianos.

FOTOGRAFÍA 7

TRANSPORTE EN PIRAGUA DE PASAJEROS EN ROSSO

Fuente: Baye Masse, 2021.

En la frontera de Guerguerat, las condiciones de tránsito se han vuelto más onerosas desde su reapertura en el periodo posterior a la covid-19.

> Antes, entrar en Marruecos no era complicado. Pero durante la covid y sus numerosos rebrotes, las formalidades para cruzar la frontera se han intensificado, con la presentación de pasaporte, la cartilla de vacunación

> contra la covid, una reserva de hotel y una "ayuda de viaje" que ha pasado de 100 a 1.000 euros desde la reapertura de las fronteras marroquíes en julio de 2022. La diferencia es enorme. Este aumento no se aplica a los viajeros que ya han obtenido un sello de entrada de la aduana marroquí en su pasaporte y su tarjeta de residencia actualizado (Amza, 39 años, emigrante senegalesa, en Guerguerat).

Para muchos, este aumento se ve como un filtro migratorio, cuyas razones residen en la erradicación de la mendicidad de los emigrantes subsaharianos en Marruecos. Al final, estos trámites son ratificados con el famoso sello de entrada, válido durante tres meses y del que están excluidos los menores de edad no acompañados.

FOTOGRAFÍA 8

CAMIONES FRIGORÍFICOS Y PASAJEROS
CRUZANDO LA FRONTERA DE GUERGUERAT

Fuente: Baye Masse, 2023.

En la frontera de Guerguerat, varios restaurantes y puestos de venta de productos electrónicos están regentados por inmigrantes subsaharianos, sobre todo de Mali. Durante el auge de la covid-19, estos vendedores adoptaron un modelo de venta de "comida para llevar" o "entrega a domicilio". Sin embargo, la falta de recursos técnicos fue una limitación para muchos pequeños minoristas de alimentación, que no estaban suficientemente preparados para lanzarse a la venta en línea debido a la dificultad de crear y gestionar un sitio de comercio electrónico. Además, algunos vendedores se mostraban reacios a realizar compras en línea por sus dudas sobre la fiabilidad de los pagos electrónicos. Para un buen número de pequeños empresarios inmigrantes subsaharianos, las ventas en línea no fueron muy significativas para aliviar la asfixia del comercio transahariano durante la pandemia mundial en la frontera de Guerguerat.

2.2. 'BAJE LA VENTANILLA, POR FAVOR, CONTROL RUTINARIO': LOS PUNTOS DE CONTROL COMO BARÓMETRO DE LOS MOVIMIENTOS SUBSAHARIANOS

Además de los controles fronterizos, los emigrantes subsaharianos también tienen que enfrentarse a los controles de carretera, en los que los agentes de policía escrutan de noche los rostros de los viajeros bajo el intenso y agresivo resplandor de las linternas. En el trayecto, los movimientos de los emigrantes subsaharianos están marcados por constantes paradas y arranques entre Rosso-Nuakchot-Casablanca.

Los puestos de control de carretera están repartidos a lo largo de este corredor, pero desde Rosso, Nuakchot, Guerguerat, Dajla hasta Guelmim, donde los procedimientos están claramente definidos, los documentos se verifican cuidadosamente y las inspecciones de vehículos son meticulosas. Pero a medida que el minibús avanza hacia los puestos de control situados en medio de la ruta, el ambiente cambia. Los controles son cada vez menos frecuentes desde Dajla, Agadir hasta Casablanca. Todo indica que estos puestos de control en medio del corredor están erigidos a menudo para mantener "una apariencia de control sobre las carreteras del desierto". Tienen un aspecto muy diferente, con simples barreras colocadas en la carretera, con policías o militares apostados cerca. Las instalaciones son rudimentarias, por no decir inexistentes, y los procedimientos son más laxos. Los controles se limitan a echar un rápido vistazo a los documentos y una breve conversación con los conductores. En los puestos de control de entrada nacionales, en cambio, los procedimientos de control se llevan a cabo metódicamente y hacen que los migrantes sientan el peso de las formalidades administrativas. Durante los controles, los documentos exigidos son el pasaporte, el permiso de conducir, los documentos del seguro y de propiedad del vehículo.

ILUSTRACIÓN 1

ESQUEMA DE LOS PUESTOS DE CONTROL DE CARRETERA REALIZADO POR UN "LAGARTO DEL DESIERTO" EN AGADIR

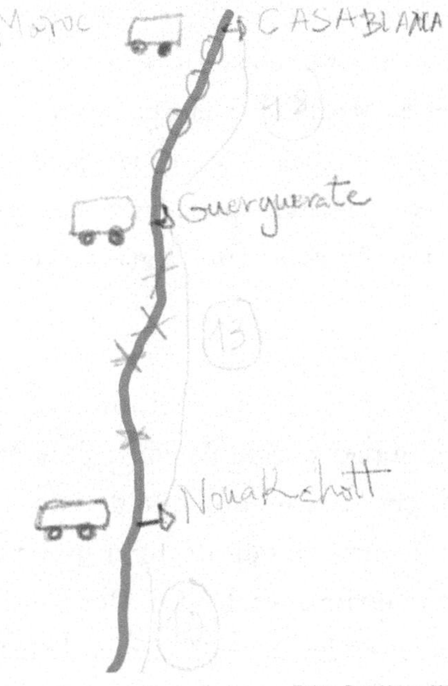

Fuente: Baye Masse, 2023.

En este esquema, aparecen los vehículos y los puestos de control se indican con cruces. Este elevado número de puestos de control ilustra la magnitud del tráfico de emigrantes subsaharianos que hay que "manejar" más que "controlar". Pero el número de puestos de control también pone de manifiesto la importancia de los documentos administrativos, que no son garantía contra la extorsión y las exigencias de "regalos" por parte de ciertos policías. Esto lleva a los emigrantes subsaharianos a tomar importantes medidas preventivas:

> En cuanto se dan cuenta (algunos policías de los controles de carretera) de que tienes pasaporte de la CEDEAO

[Comunidad Económica de Estados de África Occidental], piden al conductor que apague el motor. Te bajas para negociar. Tardan mucho en devolverte el pasaporte. Al final, te piden que les dejes un "regalo". Así que les das uno de tus paquetes de cigarrillos. Por eso siempre encontrarás paquetes de Marlboro en el equipaje de los emigrantes negros. Crees que somos fumadores, pero no lo somos, es para satisfacer los caprichos de estos corruptos (anónimo, migrante de reemplazo, Tiguent Nuakchot).

Los formas de negociación de los migrantes subsaharianos son múltiples. El tercer puesto de control de carretera a la entrada de Tinguent es un ejemplo de ello. Es un *checkpoint* rudimentario, una tienda de lona que exhibe con orgullo la bandera mauritana en lo alto. Dos camionetas verdes están aparcadas en las inmediaciones de la tienda, dando testimonio de la autoridad del Estado. Algunos emigrantes subsaharianos, con caras tristes, se han subido a ellas de regreso a Rosso por la falta de formalidades que "ilegalizan" sus viajes. Las balanzas metálicas fijadas a los laterales de las camionetas están cargadas de mercancías confiscadas, cuidadosamente empaquetadas en bolsas multicolores. En este entorno inhóspito, hombres y mujeres, culturas y nacionalidades se cruzan, pero no comparten ninguna historia, solo breves sonrisas fugaces entre conductores y agentes de control. Observamos que los conductores ponen delante a las mujeres mauritanas o marroquíes, mientras que los inmigrantes subsaharianos van siempre detrás:

> Es para evitar controles lentos. Las mujeres seducen e imponen respeto; pueden negociar rápidamente con un policía nervioso. En nuestra tradición, nunca se registra el cuerpo de las mujeres árabes. Por desgracia, los negros están mal vistos. Si se sientan delante, despiertan muchas sospechas. Tienen que quedarse atrás y limitarse a enseñar la documentación (anónimo, transportista en Guerguerat).

Para los pasajeros, estos controles "interminables" son una sucesión de interrupciones que generan estrés e incomodidad, sobre todo cuando se realizan de una manera repetida y excesiva.

Además, las percepciones religiosas e identitarias se suman al juego del tráfico subsahariano. Fundamentalmente, es una combinación de elementos de reconocimiento de identidad lo que crea un "trato diferencial" para los migrantes subsaharianos por parte de ciertos policías y aduaneros en estos controles de carretera. En otras palabras, la forma en que los migrantes subsaharianos son percibidos por los agentes de control está visiblemente influida por factores socioculturales como la vestimenta, la afiliación religiosa, las percepciones culturales o la lengua de intercambio... Estos factores influyen en el trato que reciben los viajeros en los controles de carretera. De hecho, es bien sabido que los muridíes, con sus signos distintivos de pertenencia, suelen ser bien recibidos y tratados por la policía en Mauritania, debido a la admiración religiosa que sienten por su guía, el jeque Amadou Bamba, que vivió un tiempo en Mauritania y ha profesado una serie de enseñanzas religiosas que le han granjeado una marea humana de seguidores hasta nuestros días. Del mismo modo, los tijani senegaleses, reconocibles por sus bonetes rojos, están bien integrados en Marruecos debido a la peregrinación a Fez y a la importancia del jeque Ahmed Tidiane Sy en su tradición religiosa. Estos arraigados lazos religiosos se reflejan en el diferente trato que reciben los viajeros en los controles de carretera según el perfil del migrante que pasa por ellos. Pudimos atestiguarlo en un grupo de viajeros, del que formábamos parte. El minibús se detuvo en el sexto puesto de control de nuestro recuento, situado entre Rosso y Nuakchot. Este grupo de viajeros estaba formado principalmente por jóvenes inmigrantes subsaharianos, identificables por sus característicos trajes de estilo "free boy town" (vaqueros rotos, camiseta de "50cent", gorra, collar, auriculares cubriendo sus orejas y manos en los bolsillos). Por su apariencia, eran sometidos a controles más estrictos y violentos. Los agentes de control empezaron a sospechar de ellos por su aspecto, pareciendo considerarlos jóvenes delincuentes o buscavidas potencialmente sospechosos. Al final, el control terminó en 35 minutos. El conductor apagó el motor y el calor nos sofocó... En cambio, otro grupo de viajeros entre los que nos encontrábamos, en el viaje de vuelta de Nuadibú a Nuakchot, estaba formado por emigrantes subsaharianos muridíes. Vestidos de forma más decente con el "bayelate" (o atuendo muridí), —con un ancho fajín negro alrededor de la cintura, una bolsa colgada del el pecho que contenía los "khassidas"[7], con un colgante con la firma del jeque Amadou Bamba, un turbante en la cabeza y un rosario en la mano...— fueron recibidos con más familiaridad y confianza por los agentes de

7. Escritos poéticos sagrados del líder del muridismo.

control. Se los percibía como huéspedes pacíficos. En el fondo, Mauritania es una república islámica en la que la religión no se esconde bajo la alfombra. Las afiliaciones religiosas se respetan y los emigrantes subsaharianos han comprendido esta realidad. Se visten de forma acorde con el espíritu cultural y cultual de estas poblaciones mauritanas. Así que estas percepciones de identidad influyen de facto en el trato que reciben los viajeros en los puestos de control. Esto es una realidad, hasta el punto de que en varias ocasiones un agente presta su alfombra de oración a un viajero a la hora de la oración musulmana, si no están rezando juntos. Además, los viajeros que hablan con fluidez la lengua local (árabe hasaní o bereber) o que conocen bien las prácticas locales y las normas informales sobre este corredor son mejor comprendidos por los agentes fronterizos, que por tanto los toleran y facilitan su tránsito. Estas diferencias de trato basadas en la apariencia y la identidad religiosa son ejemplos concretos del modo en que los factores socioculturales pueden desempeñar un papel importante a la hora de facilitar o restringir los desplazamientos de los emigrantes subsaharianos.

2.3. DE LA 'LIBRE' CIRCULACIÓN A LA CIRCULACIÓN 'LIBERADA': LA 'MAGIA' DE LA RED CONTRA LOS OBSTÁCULOS DE LA MOVILIDAD SUBSAHARIANA

En el corredor que une Rosso, Nuakchot y Casablanca, el tráfico subsahariano rara vez es libre. Por el contrario, es liberado, negociado y acordado. Por ello, los emigrantes subsaharianos coordinan sus desplazamientos a través de sus dinámicas redes transaharianas, que despliegan en cada punto nodal del corredor: puestos de control, fronteras, mercados, áreas de ruptura de carga, etcétera. De hecho, las redes sociales de pertenencia forman el tejido de los desplazamientos subsaharianos. Estos círculos relacionales de pertenencia se basan en relaciones de confianza. Los miembros de estos círculos se seleccionan en función de su capacidad de circulación, de sus competencias "a través de las pruebas y las evidencias", y de la densidad de sus relaciones con las autoridades administrativas, en particular con los altos mandos de policía jubilados. Esta es la razón por la que el personal de la guardia de fronteras de Rosso se recompone cada trimestre, con el objetivo de romper los lazos de familiaridad que pueden desarrollarse entre un migrante subsahariano y un policía mauritano. Con ello se pretendía hacer "impersonales" las operaciones de control fronterizo. Pero, en realidad, esta idea es muy difícil de llevar a la práctica, habida cuenta del chantaje, la violencia, los robos y las amenazas de que son objeto estos emigrantes subsaharianos. Así que las redes son un refugio seguro e imprescindible. Además, estas redes de relaciones subsaharianas configuran las relaciones entre las diferentes categorías de emigrantes subsaharianos: transportistas, trabajadores, pequeños comerciantes y presentan un abanico de oportunidades. Constituyen ramificaciones relacionales, vectores de información y la puerta de entrada a las oportunidades. "La buena información conduce a buenos negocios, que a su vez conducen a buenas oportunidades" (anónimo, delegado de mercado Premier Robinet, Nuadibú). De hecho, el principio organizador de estas redes es una idea heredada de los caravaneros de antaño, que conformados por "combatientes, curanderos y astutos comerciantes. Es este mismo principio el que une a nuestra red. Es el ADN mismo del comercio transahariano" (anónimo, louma nómada, Nuakchot). La ventaja de una red formada por varios actores es que los comerciantes tienen acceso a los recursos que necesitan para crear oportunidades florecientes. Los miembros de la red suelen compartir intereses similares o complementarios, lo que les anima a colaborar y ayudarse mutuamente para lograr sus objetivos frente a las incertidumbres que acechan a los movimientos subsaharianos y sus actividades comerciales, como la covid-19, por ejemplo. Las redes de pertenencia son también redes de oportunidades, que sirven de refugio a los actores frente a los múltiples obstáculos que dificultan el tránsito. Gracias al intercambio de información, a los recursos y a nuevas prácticas comerciales entre los agentes afiliados, las redes también permiten a sus miembros aprovechar los vínculos existentes en los países de acogida, que les ayudan a llevar a buen puerto sus proyectos económicos. Dentro de las redes, los actores se benefician de la flexibilidad de los canales de suministro y distribución. En caso de obstáculos o interrupciones en una ruta concreta, pueden adaptarse rápidamente proponiendo rutas alternativas dentro de la red, garantizando así la continuidad de los movimientos subsaharianos, que también son inseparables de los flujos comerciales.

Se trata, pues, de una especie de red "mágica" por su capacidad de traspasar fronteras, de crear un espacio de intercambio dinámico y próspero poniendo en contacto a inmigrantes subsaharianos que trabajan en diversos sectores:

comercio, transporte, intermediación comercial, mano de obra, venta ambulante, estibación, etc. Esta "magia" se vuelve más real cuando se pierden equipajes, se confiscan papeles, se producen detenciones arbitrarias o se repatrían cadáveres a las comunidades de inmigrantes subsaharianos. Permiten a las personas conectarse a un amplio abanico de oportunidades, de intercambio de información y ahorrar costes de viaje o comerciales. Por ello, los inmigrantes subsaharianos no se han rendido ante los numerosos frenos a la circulación. Han desarrollado formas de resiliencia que permiten que sus actividades económicas continúen a lo largo de la ruta transahariana entre Rosso-Nuakchot-Casablanca.

Estas estrategias, astucias e intercambios de información valiosa se nutren de redes sociales transfronterizas que les permiten burlar los cuellos de botella y las formas deretención de sus movimientos. En primer lugar, en el seno de estas redes, los migrantes subsaharianos comparten información para anticiparse a los cambios de reglamentación, las fluctuaciones de los tipos de cambio, los fenómenos meteorológicos y las nuevas regulaciones sobre los controles fronterizos. Otra estrategia de resiliencia dentro de estas redes de relaciones subsaharianas procede de los miembros que adoptan estrategias de gestión de riesgos para hacer frente a lo inesperado. Por ejemplo, durante la covid-19, adoptaron planes de contingencia compartiendo reservas de alimentos y estableciendo alianzas con loumas nómadas, recompradores de mercancías para minimizar las posibles pérdidas. Finalmente, la última estrategia de resiliencia de estas redes es el mantenimiento y la consolidación de las relaciones entre los miembros de la red y las autoridades locales y las fuerzas de seguridad para obtener ventajas: reducción de los controles excesivos o ausencia total de controles para una circulación mucho más fluida. Al adoptar estas diferentes respuestas estratégicas, las redes de migrantes subsaharianos consiguen superar los retos del tráfico en este corredor y garantizar la resiliencia en un entorno a menudo complejo y en constante cambio.

CAPÍTULO 3

LA CONFLUENCIA DE LOS INMIGRANTES SUBSAHARIANOS EN EL CORREDOR TRANSAHARIANO

Los puntos de tránsito de los emigrantes subsaharianos a lo largo del corredor Rosso-Nuakchot-Casablanca constituyen observatorios, miradores directos, que permiten apreciar la intensidad de la movilidad subsahariana y la geografía de sus desplazamientos en una sucesión migratoria de paraderos. Las paradas y apeaderos suelen estar en zonas urbanas, a veces en pleno centro de la ciudad por las infraestructuras y servicios disponibles, a diferencia de las gasolineras y áreas de descanso, que adolecen de aislamiento geográfico. Así, la movilidad subsahariana transcurre entre paradas y apeaderos desde la frontera de Rosso hasta los de Casablanca, pasando por el barrio de Tiguent y el cruce de Bamako, la estación PK7 y la "parada de autobús" de Nuakchot, la Escuela Piloto en Nuadibú, Guerguerat, la rotonda de Dajla y la estación de Agadir. Son polos migratorios subsaharianos, intersecciones "discretas", lugares donde los emigrantes subsaharianos se cruzan como los hilos de una inmensa tela de araña. Llegan autobuses con emigrantes subsaharianos de todas partes, equipaje en mano y hablando diferentes lenguas africanas: criollo, bambara, wólof, fula, serer... Las interacciones entre estos diferentes emigrantes dan lugar a nuevas ideas, costumbres y amistades. Esta pintura viviente refleja la diversidad y riqueza de la movilidad a lo largo de este corredor, donde los caminos se cruzan para tejer una compleja red de conocimientos, conexiones y flujos de información. El resultado es una especie de mapa detallado, hecho de espacios donde el tráfico subsahariano se interrumpe y se reanuda, con líneas sinuosas que representan las múltiples rutas tomadas por estos emigrantes. En estos vibrantes cruces de actividad se reúnen e intercambian anécdotas, noticias y recuerdos mientras esperan su próximo medio de transporte, mientras los vendedores ambulantes les ofrecen aperitivos del lugar y las agencias de viajes locales intentan convencerles de que elijan su servicio. Pero todo empieza con los intercambios en autobuses al inicio del viaje.

3.1. ENTRE ASIENTOS: INTERCAMBIOS DE EMIGRANTES SUBSAHARIANOS EN LOS AUTOBUSES

La movilidad subsahariana no es solo una cuestión de desplazarse del punto A al punto B, sino más bien una compleja aventura humana rica en interacciones sociales y económicas. Dentro de los autobuses, las interacciones de los emigrantes subsaharianos se ven interrumpidas por los que suben y reemplazan a los que bajan. Entre los asientos, el aire se llena de conversaciones en multitud de idiomas, los gritos de los vendedores ambulantes que ofrecen tentempiés y el bullicio propio de las salidas inminentes. Los conductores de los minibuses se afanan en cargar el equipaje, haciendo hábiles malabarismos con las distintas formas y tamaños de las bolsas y cargando en el techo mercancías voluminosas: bolsas de alimentos, cajas frágiles, textiles e incluso enseres domésticos cuidadosamente atados. Mientras tanto, algunos de los emigrantes subsaharianos leen el Corán y otros charlan con sus vecinos de viaje. Durante el viaje, varios vendedores de refrigerios suben y bajan como olas rompientes, dejando a los viajeros un dulce recuerdo o una sonrisa. Su oficio se basa sobre todo en un apreciado sentido del humor: "Una vez, un idiota probó este producto milagroso que vendo. Desde entonces, su familia ha venido a darme las gracias. Ya no hace estupideces. Este producto cura a los idiotas. ¿Quién es idiota en este autobús?". Los pasajeros ríen a carcajadas, rompiendo el silencio y el aislamiento inicial. Algunos pasajeros empezaron a señalar en broma a sus compañeros de asiento como potenciales beneficiarios de esta droga "antidiotas". Más que de una simple transacción comercial, se trata de crear conexiones sociales, por breves que sean; se comparten historias y momentos de convivencia para hacer más agradable el viaje y más llevadera su duración. De este modo, el autobús se convierte en un espacio de comercio móvil, en el que cada parada se vuelve un nuevo punto de encuentro para potenciales vendedores subsaharianos. Las interacciones, las sonrisas y los agradecimientos de los clientes son una fuente de gran satisfacción para los vendedores, que a menudo terminan sus presentaciones de productos con oraciones, antes de bajarse para reunirse con otros autobuses y otros clientes.

Por otro lado, durante una tormenta de arena en Dajla, los emigrantes subsaharianos toman precauciones, protegiéndose los ojos de la abrasiva arena que penetra por todas partes. Sus rostros se envuelven en turbantes, la tela les cubre las fosas nasales y la boca, ofreciéndoles protección contra los remolinos de arena del desierto. Pero más allá del aspecto físico, las tormentas de arena recuerdan al hombre su vulnerabilidad frente al poder de la naturaleza. "Es un recordatorio de que, a pesar de todos los avances tecnológicos y conocimientos científicos, la humanidad sigue siendo humilde frente a las fuerzas del planeta"[8]. Los emigrantes subsaharianos esparcen azúcar blanco en el desierto a través de las ventanillas de sus vehículos: "Si preguntas por qué lo hacen, demuestra que no eres de aquí. Es para calmar los espíritus volubles", nos dijo un anciano sentado a nuestro lado. En su conciencia colectiva, el azúcar se asocia a menudo con rituales de protección y purificación, ofrecidos como gesto de devoción o petición de protección contra elementos nocivos. Esta creencia parte de la idea de que el azúcar, por su color blanco y su connotación de pureza, tiene un poder simbólico para repeler elementos impuros o negativos. Así, estos emigrantes subsaharianos consideran que las tormentas de arena son manifestaciones de entidades espirituales o divinas, y el azúcar se ve como un medio para restablecer el equilibrio espiritual o mantener una conexión con las fuerzas positivas. Esta práctica, ampliamente compartida, es parte integrante de su forma de viajar por la "ruta del desierto". Éramos los únicos viajeros sin fular en la cabeza. Cuando pasó la tormenta, teníamos la cara cubierta de polvo. Todos los pasajeros se reían y se burlaban de nosotros. Esto dio lugar a una

8. Un pasajero del minibús a Nuadibú cuyos rezos eran repetidos por el resto de los viajeros durante la tormenta de arena.

larga conversación en el vehículo, al final del cual el mismo anciano nos ofreció un pequeño turbante y nos pidió que lo usáramos en la próxima tormenta de arena, que nunca falta en este corredor, de Guerguerat a Casablanca.

FOTOGRAFÍA 9

ESTACIÓN DE AGADIR CON UNA VEINTENA DE AUTOBUSES QUE OFRECEN DIVERSOS DESTINOS EN EL CORREDOR DE ROSSO, NUAKCHOT Y CASABLANCA

Fuente: Baye Masse, 2023.

También descubrimos que la solidaridad entre los conductores subsaharianos es evidente. Se ayudan mutuamente en caso de avería, compartiendo piezas de repuesto o consejos de reparación. El viaje se interrumpe con pausas en las que comen juntos, y en las paradas del autobús se entremezclan anécdotas y risas.

De este modo, la ruta se convierte en mucho más que un simple itinerario de viaje, sino en un espacio de conexión, intercambio y solidaridad entre los viajeros, principalmente subsaharianos, que la recorren día tras día. Esto contribuye a conectar a las comunidades subsaharianas y a estimular los intercambios económicos y culturales.

3.2. APEADEROS MIGRATORIOS Y PRINCIPALES ESTACIONES: VESTIGIOS DEL TRÁNSITO DE INMIGRANTES SUBSAHARIANOS

Las áreas de descanso también llevan las marcas de la inmigración subsahariana. La primera se encuentra en Tiguent, donde los inmigrantes subsaharianos se detienen 20 minutos para rezar y comer. Algunos trabajadores residen allí para realizar las tareas cotidianas (seguridad, recogida de basuras, entrega de pedidos, matanza de animales, etc.).

FOTOGRAFÍA 10

PARADA MIGRATORIA EN TIGUENT EN LA QUE LOS EMIGRANTES SE ACOMODAN COMO PUEDEN PARA DESCANSAR

Fuente: Baye Masse, 2022.

A continuación, a la entrada de Nuakchot, el cruce de Bamako es una zona donde se concentra la mano de obra de origen maliense que trabaja en el transporte local. Es el segundo punto de paso más frecuentado por los emigrantes subsaharianos en Mauritania.

FOTOGRAFÍA 11

CRUCE DE BAMAKO EN NUAKCHOT QUE CUENTA CON UNA RED DE TAXIS LOCALES

Fuente: Baye Masse, 2023.

También está la estación Pk7, un importante lugar de parada para los emigrantes subsaharianos que buscan tarjetas SIM (Mauritel) y refrigerios, servicios de cambio de divisas, mantenimiento de coches y otros servicios esenciales.

FOTOGRAFÍA 12

ESTACIÓN PK7 EN NUAKCHOT, DONDE ACUDEN LOS EMIGRANTES SUBSAHARIANOS

Fuente: Baye Masse, 2023.

La carretera de Nuadibú (Nuakchot) es una vía principal de Mauritania, repleta de agencias de viajes que se dirigen a Nuadibú, Casablanca, Fez y Rabat. Ofrece paradas urbanas con toda clase de servicios, incluidos hoteles, restaurantes y mercados. Los emigrantes subsaharianos pasan horas aquí haciendo largas pausas y beneficiándose de servicios más amplios y densos.

FOTOGRAFÍA 13

UNA FILA DE AGENCIAS DE VIAJES
A AMBOS LADOS DE LA CARRETERA DE NUADIBÚ

Fuente: Baye Masse, 2023.

En medio de esta estrecha calle, una singular agencia de viajes marroquí que se distingue de las demás acoge a los emigrantes subsaharianos que desean proseguir su trayecto. El cartel sobre la puerta indica claramente que se trata de la única agencia de viajes que gestiona los destinos a Marruecos. Frente a la agencia, los emigrantes subsaharianos se reúnen, charlan entre ellos y esperan pacientemente su turno para obtener su número de asiento. Las paredes de la agencia están llenas de folletos y grandes mapas de carreteras que indican las distintas paradas en territorio marroquí: Dajla, Guelmim, Marrakech, Agadir y Casablanca.

FOTOGRAFÍA 14

AGENCIA DE VIAJES MARROQUÍ EN LA CARRETERA DE NUADIBÚ EN NUAKCHOT

Fuente: Baye Masse, 2023.

En El Aaiún, las paradas son muy básicas y suelen considerarse zonas de alto riesgo debido a la presencia de grupos criminales (polizariots) que con frecuencia causan disturbios políticos allí. Tal es la falta de confianza de los viajeros que el tráfico se encuentra prácticamente suspendido por la noche. Desde el punto de embarque 40, los autobuses siguen el cruce que lleva a los alojamientos de Nuadibú hasta altas horas de la madrugada, cuando parten de nuevo hacia Guerguerat. Después, la estación de Agadir es una verdadera confluencia de trayectos para los emigrantes subsaharianos, bien organizada, con carriles delimitados por líneas blancas para guiar a los conductores y diferentes dársenas dispuestas según el destino.

FOTOGRAFÍA 15

ESTACIÓN DE AGADIR: CRUCE MIGRATORIO PARA LOS SUBSAHARIANOS

Fuente: Baye Masse, 2023.

La parada de autobús de Casablanca, destino final de algunos viajeros, marca a menudo el final de largos viajes. Los emigrantes subsaharianos se precipitan hacia los barrios de Sidi Maârouf para encontrarse con conocidos que les esperan desde su partida de Rosso. En realidad, esto demuestra que los emigrantes subsaharianos no son aventureros. Al contrario, tienen destinos concretos y contactos aliados con los que permanecen el tiempo necesario para conseguir una integración económica estable: "Un viajero siempre necesita un nido. Igual que el pájaro abandona el nido cuando se siente preparado para volar, nosotros también necesitamos hermanos, amigos que nos apoyen hasta que encontremos trabajo" (anónimo, inmigrante marfileño residente en el barrio de Sidi Maârouf [Casablanca]).

En conclusión, hemos observado que algunos puntos de conexión están más concurridos que otros, con intercambios más frecuentes con los emigrantes subsaharianos. Por ejemplo, Dajla ofrece más puntos de paso que El Aaiún, mientras que Agadir ofrece más que Guelmim. Estos lugares de cruce no son solo puntos de paso físicos, sino también puntos de encuentro cultural. Estos nudos de transporte se convierten en centros neurálgicos de la actividad económica y social de los inmigrantes subsaharianos, creando un entramado de redes de transporte que conectan diferentes horizontes. En estas paradas migratorias, los inmigrantes subsaharianos tienen la oportunidad de hablar con comerciantes, intercambiar información sobre los mejores mercados, las condiciones de las carreteras y compartir consejos para negociar con la policía en los controles. También intercambian contactos con transportistas de confianza, creando una red de ayuda mutua y asociaciones que les facilitará la movilidad profesional en el futuro.

Sin embargo, estas paradas prolongadas suponen una importante pérdida de tiempo, sobre todo para quienes tienen que cumplir plazos y planificar rutas para los transportistas. Los gastos adicionales, sobre todo de comida, combustible y cualquier coste de alojamiento, repercuten directamente en el presupuesto total del viaje. Los robos y las estafas están a la orden del día para estos emigrantes subsaharianos, sobre todo si se les considera en tránsito. Y la mayoría de las paradas carecen de un mantenimiento adecuado de las infraestructuras: aseos públicos inadecuados, ausencia de instalaciones para lavarse las manos, etc. Es importante señalar que, a pesar de estas limitaciones, las paradas siguen desempeñando un papel crucial en el tráfico subsahariano, ya que ofrecen lugares para descansar, repostar y disfrutar de la interacción sociocultural.

3.3. ALMACENES Y MERCADOS: EPICENTRO DEL TRÁFICO SUBSAHARIANO Y CATALIZADOR DE OPORTUNIDADES COMERCIALES

Nuestras observaciones han demostrado que los almacenes que salpican este corredor son un escaparate de la inmigración subsahariana. A diario, cuando se abren sus grandes puertas, los almacenes son puntos de paso para trabajadores inmigrantes, mano de obra en los trabajos de descarga y carga de camiones, de colocación de cargamentos frágiles en el interior de los almacenes y de venta ambulante de mercancías para entregas a corta distancia.

FOTOGRAFÍA 16

TRABAJADORES INMIGRANTES JUNTO A SU PATRONO, DESCARGANDO UN CAMIÓN CON NARANJAS MARROQUÍES EN EL MERCADO CAPITALE EN NUAKCHOT

Fuente: Baye Masse, 2023.

Las relaciones sociales dentro de los almacenes tienen dos vertientes. En primer lugar, los inmigrantes subsaharianos mantienen entre sí relaciones sociales basadas en la confianza/solidaridad y la desconfianza/competencia, dando lugar a la creación de clanes étnicos internos. Es el resultado de la competencia por unos recursos limitados, esencialmente económicos y de promoción profesional, lo que provoca tensiones periódicas pero también innovaciones para superar a los miembros de otros clanes. Esta movilización de la identidad étnica es una construcción social, una necesidad de pertenencia para defender los intereses y la posición de cada clan dentro de los almacenes. Esta rivalidad entre trabajadores conduce inevitablemente a una distinción entre "nosotros" (el grupo étnico al que se pertenece) y "ellos" (los grupos étnicos rivales). Por ejemplo, a la hora de las comidas colectivas entre las 14 y las 15 horas, los trabajadores se sientan según el clan al que pertenecen en la parte delantera de los almacenes. Esta fragmentación social dentro del almacén se ve amplificada por la supremacía que imponen los empleados más veteranos a los nuevos contratados. Por ello, cada trabajador busca la protección de un clan unitario. En otro sentido, la relación entre los trabajadores inmigrantes y sus empleadores está teñida de precariedad. Cuanto mayor es la mano de obra, menos se paga, por no hablar de los retrasos y los atrasos de los salarios adeudados. Esto coloca a estos jóvenes inmigrantes en una posición precaria, que han venido aquí para cambiar su fuerza por unos ingresos que puedan utilizar para "defenderse de la pobreza". Unidos por destinos similares (sin fondos heredados, sin oportunidades de empleo en sus países de origen), forman camarillas en torno a elementos comunes como el origen geográfico para los nigerianos, la lengua hablada para los guineanos y los intereses económicos para los senegaleses tucolor.

Por otra parte, dentro de los almacenes, observamos diferencias jerárquicas entre los propietarios o patronos y sus trabajadores. Presenciamos la descarga de un camión lleno de cajas de verduras a la que asistió el patrono. Sin saludar a los empleados recorría los pasillos de su almacén, con las manos entrelazadas a la espalda, observando orgulloso las líneas de almacenamiento sobre las que su encargado le daba información adicional. Sus largas rondas se vieron interrumpidas repetidas veces por llamadas telefónicas de clientes con prisa o preocupados por sus cargamentos. Después, el propietario hizo fotos y volvió a subirse a su Mercedes Benz 250 D de cristales tintados de negro sin decir una palabra.

> Creo que esta falta de consideración se debe a que aquí no hay contratos escritos que protejan los derechos de los empleados. Personalmente, soy el supervisor del almacén. Gestiono todas las operaciones cotidianas, desde la recepción hasta la expedición, pasando por el pesaje, el almacenamiento, la preparación de pedidos y la coordinación con transportistas y proveedores. Pero ¿sabías que el jefe ni siquiera sabe mi nombre? Sin embargo, soy yo quien gestiona su dinero. Es más, puede despedirme cuando quiera. Por eso tengo que ser estricto con mis empleados. Cuantos más errores haya en el trabajo, mayor es el riesgo de despido. Los jefes suelen ser impulsivos, caprichosos y despiadados (O. S., 34 años, jefe de almacén en Casablanca).

Pero hay otras razones que explican esta desigualdad jerárquica: "La verdad es que los empleados abandonan a menudo el almacén sin informar a los propietarios. Esto es lamentable porque provoca una disfunción casi total en la gestión del almacén" (I. D., 53 años, louma nómada en Casablanca). Esta situación de desconfianza entre los propietarios de los almacenes y sus empleados subsaharianos sume en la inestabilidad las relaciones del personal, lo que a su vez afecta a la continuidad de las operaciones y los servicios comerciales ofrecidos por el almacén.

CAPÍTULO 4

LA INMIGRACIÓN SUBSAHARIANA: MOTOR DE DESARROLLO SOCIOECONÓMICO EN EL CORREDOR DE ROSSO, NUAKCHOT Y CASABLANCA

Un efecto inducido de la presencia de inmigrantes subsaharianos en Nuakchot y Casablanca es una abundante mano de obra en los sectores comerciales. Estos inmigrantes contribuyen en gran medida al desarrollo de los territorios transaharianos, aportando un importante impulso económico a las actividades y servicios locales. Esto se aprecia en la proliferación de puestos callejeros improvisados, de tenderetes alineados a la entrada de los barrios y en las extensiones del mercado o mercados anexos que abundan en Nuakchot y Casablanca. También es visible en la diversidad de la oferta de productos locales, como artesanía y souvenirs.

Al permanecer en la cadena de territorios que conforman la columna vertebral de este corredor, los inmigrantes subsaharianos gastan dinero en bienes y servicios locales que adquieren: alojamiento, ropa, comida, suscripciones telefónicas y de Internet, transporte, etc. Esto tiene un impacto significativo en la economía local, ya que estos actos de consumo crean una inyección directa de ingresos en las economías locales, estimulando la venta de productos y servicios locales. Esto tiene un impacto significativo en la economía local, ya que estos actos de consumo crean una inyección directa de ingresos en las economías locales, estimulando la venta de productos y servicios locales. Y los inmigrantes de primera y segunda generación que han encontrado fortuna aquí, como comerciantes, conductores de transporte local, gerentes de restaurantes y otros pequeños empresarios, encuentran nuevas y considerables oportunidades.

4.1. LA ECONOMÍA DE 'SEGUNDA MANO' Y DE 'SEGUNDA OPORTUNIDAD': LA INFLUENCIA DE LOS INMIGRANTES SUBSAHARIANOS EN EL COMERCIO TRANSAHARIANO

A lo largo del corredor Rosso-Nuakchot-Casablanca, los inmigrantes subsaharianos ocupan sectores de actividad que han quedado marginados, como el mantenimiento mecánico de vehículos o la venta de refrigerios a los pasajeros en las paradas de autobús.

Bacary, un joven mecánico de origen nigeriano, ha abierto un taller de reparación de automóviles para los conductores de vehículos en tránsito, ofreciendo servicios rápidos y asequibles, que ayudan a mantener la movilidad de los viajeros:

> Mi sustento depende en gran medida de los vehículos que se averían a lo largo de la ruta del cruce de Bamako a Cham'mi, así como en las calles laterales de "la casa" que utilizo con regularidad. Hago reparaciones rápidas y asequibles. Es el principal sustento de mis ingresos. No es raro ver camiones y vehículos averiados por el estado de las

carreteras, el calor y las tormentas de arena, que provocan pinchazos, roturas de las correas del alternador o, sobre todo, problemas de arranque… Ahí es donde entro yo. Estoy especializado en reparaciones de urgencia. El maletero de mi moto solo está equipado con las herramientas y piezas de repuesto básicas, pero con los años he adquirido una sólida experiencia en mecánica del automóvil. Lo que también me atrae más contactos es que cobro tarifas razonables por mis servicios cuando acudo en auxilio de un conductor en apuros. Esto me permite obtener unos ingresos extra al tiempo que les ayudo a ahorrarse el coste de la grúa o de las reparaciones en los talleres.

FOTOGRAFÍA 17

BACARY REPARANDO UN COCHE QUE SE AVERIÓ DE REPENTE EN LA CARRETERA DE NUAKCHOT

Fuente: Baye Masse, 2023.

La contribución de los inmigrantes subsaharianos a la actividad económica es más evidente en los negocios creados por inmigrantes marginales expresidiarios. Para estos últimos, el comercio transahariano se considera un rito de paso. Han iniciado una redención social creando una economía de "segunda mano", basada en la reutilización de equipos electrónicos estropeados. Cash, un inmigrante maliense recién salido de la cárcel, es un buen ejemplo:

> Solía forzar las cerraduras de las puertas de las tiendas solo con un alfiler para robar dinero en efectivo. De ahí viene mi nombre. Solo robaba efectivo, cash. Realmente me arrepiento de mi pasado. Y desde que salí de la cárcel, llevo un pequeño taller de reparación de aparatos electrónicos para una nueva vida a los equipos y aparatos electrónicos. Me siento cómodo con un destornillador (Cash, inmigrante maliense y antiguo atracador, trabaja ahora como reparador de electronica).

El reciclaje de aparatos electrónicos estropeados (teléfonos móviles sin batería, televisores averiados, ordenadores con pantallas muertas, monturas de gafas rotas, etc.) ha permitido a Cash empezar de nuevo. Así, esta economía de "segunda mano" se está convirtiendo también en una economía de "segunda oportunidad" para muchos inmigrantes marginados por su pasado delictivo.

FOTOGRAFÍA 18

TALLER DE REPARACIÓN DE CASH, SENTADO EN SU BANCO Y REPARANDO UNA RADIO

Fuente: Baye Masse, 2023.

Estos productos reparados se revenden a precios asequibles, y son bastante populares entre los trabajadores que se conforman con aparatos funcionales que no requieren ninguna sofisticación particular: ventiladores, televisores "tuneados", consolas de videojuegos, relojes de bolsillo, cerraduras de puertas... Este comercio transahariano se considera un rito de paso para las categorías sociales marginadas, los rezagados que pasan de la marginalidad a la generalidad. Lo consiguen ocupando todo un sector de la economía local y redefiniendo la cadena de suministro mundial. Su principal motivación es liberar su potencial creativo para garantizar la transición a la riqueza. Este rito de paso se repite en el siguiente testimonio de un exconvicto, antaño ladrón local, que se ha rehabilitado y recuperado gracias al comercio local. Es el caso de Iba, 33 años, comerciante al por menor en el mercado de Sossime en Nuakchot:

> Mi vida ha sido oscura y tumultuosa, marcada por años de rebelión y crimen. Una vez fui delincuente, involucrado en actividades ilegales que aterrorizaban a ciertos comerciantes. Mi vida estuvo dedicada a la violencia y a la ley del más fuerte. Por cierto, siempre llevo un turbante moruno para ocultar las marcas de cuchillo en la cara. Puede ahuyentar a los clientes si las ven. Pero un día, todo cambió. Las autoridades me metieron entre rejas, donde pasé largos años reflexionando sobre mi pobre y caótica vida. Pero en aquella prisión tuve la inesperada suerte de conocer a un empresario local, Isham, que venía a menudo a visitar a su hijo, encarcelado en la misma celda que yo. Isham me tendió su mano cuando todos me daban por muerto. Me habló de negocios, de la economía local y de la importancia de hacer una contribución positiva a la comunidad. Cuando salí de la cárcel, me contrató como comerciante minorista. Era mi oportunidad de rehabilitarme, de hacer algo bueno al menos una vez en la vida. Empecé con las tareas más sencillas, pero con el tiempo y las enseñanzas de Isham, dominé los trucos del oficio. Descubrí la importancia del comercio local y cómo contribuye al desarrollo de una cadena invisible formada por otras personas de mi nivel social que viven en otros lugares con las mismas dificultades de integración social.

FOTOGRAFÍA 19

IBA RETIRANDO LAS RAÍCES DE "NANA", UNA HIERBA AROMÁTICA UTILIZADA EN LA PREPARACIÓN DEL TÉ, EN EL MERCADO DE SOSSIME, EN NUAKCHOT

Fuente: Baye Masse, 2023.

En definitiva, todos estos perfiles de inmigrantes subsaharianos han tenido éxito en su apuesta por la integración socioeconómica gracias al comercio translocal, creando negocios innovadores basados en la reutilización y reparación de productos defectuosos, al tiempo que contribuyen a la mejora de la comunidad a la que pertenecen. Así pues, el comercio transahariano no solo presenta oportunidades económicas. También ofrece oportunidades de redención social y rehabilitación comunitaria. También es una fuente de esperanza. De exdelicuentes o expresos, muchos inmigrantes subsaharianos se han convertido en comerciantes minoristas ambulantes, en empresarios comprometidos que se benefician de una segunda oportunidad inesperada para encontrar el camino de la integración social: "Exladrón, hoy he aprendido la importancia del trabajo honesto y tenaz. Poco a poco, he recuperado la confianza de mi familia soninké" (Kara, pequeño comerciante del mercado de Chairan, Nuadibú) (Kara, pequeño comerciante del mercado de Chairan, Nuadibú). Estos grupos de jóvenes marginados rehabilitados han realizado una hazaña, una revolución en la reutilización de materiales dañados, el comercio de segunda mano donde se trata de "salvar, reparar y reutilizer". Esta economía de segunda mano incluye diversos perfiles de actores locales, a menudo caracterizados por su exclusión social. Se trata de jóvenes trabajadores en situación precaria, sin acceso a la educación formal ni a un empleo estable, y sin acceso tampoco a las prestaciones sociales y médicas del empleo formal, que se dedican a la recogida, reparación y eventual reventa de productos y equipos de segunda mano. También son revendedores o intermediarios, gracias a sus habilidades artesanales y conocimientos tecnocientíficos adquiridos a una edad temprana o durante su encarcelamiento. En su mayoría hombres procedentes de zonas económicamente desfavorecidas (Labé en Guinea, Podor en Senegal), encuentran trabajo y oportunidades empresariales en esta economía de "segunda mano", desempeñando un papel esencial en el reciclaje, la reelaboración, la reventa y, por tanto, la recirculación transnacional de productos y equipos de segunda mano para garantizar su subsistencia. En primer lugar, llevan a cabo una primera recogida de productos usados en los vertederos de Nuakchot, llamado Poteaux 3.

FOTOGRAFÍA 20

MERCADO DE CINQUIÈME, REPLETO DE PRODUCTOS ALIMENTARIOS "BURGUESES"

Fuente: Baye Masse, 2022.

Entre los inmigrantes subsaharianos también hay mujeres, aunque en una proporción pequeña, que comercian con productos alimentarios de "segunda mano". Se trata de "restos del stock de las tiendas que hay que vaciar". En su prisa por vaciar los artículos caducados, los grandes comerciantes marroquíes revenden estos productos con descuento a las mujeres subsaharianas. Estas mujeres los vuelven a poner en venta en un mercado al aire libre, anexo al mercado del

Cinquième (Nuakchot): "Estos productos, de nobleza burguesa, se adaptan a todos los presupuestos de las familias desfavorecidas, lo suficiente para hacer las delicias de sus hijos que salivan tras los escaparates de los supermercados caros" (Awa Faye, 33 años, vendedora en el mercado anexo del Cinquième en Nuakchot).

Con sus envases originales, los paquetes de galletas, chocolate, queso, congelados, especias, azúcar, dátiles, cajas de huevos, yogures y otros artículos pintan de vivos colores el mercado del Cinquième, atrayendo como un arco iris a multitudes de familias de bajos ingresos.

En definitiva, en un contexto de "poor to poor" (Tarrius, 2002), estos negocios de reciclaje y reutilización se han hecho cada vez más comunes en los territorios a lo largo de este corredor transahariano. Ello permite conocer las estrategias de supervivencia, resiliencia y potenciación económica utilizadas por estos inmigrantes "discretos": transporte personalizado, reparto de alimentos, intercambio de dinero e intermediación. Sin embargo, algunas poblaciones de acogida perciben estas actividades de economía "improvisada" y de "segunda mano" como una competencia directa que reduce la clientela en los puntos de venta autorizados de este corredor. Como consecuencia, algunos empresarios locales lanzan acusaciones contra estos trabajadores inmigrantes, creyendo que les están robando oportunidades económicas que deberían ir a parar a ciudadanos mauritanos y marroquíes. Estas acusaciones están a veces alimentadas por prejuicios y estereotipos negativos debidos al acceso limitado al mercado laboral formal. Esta situación abre heridas sociales que provocan "crisis" y fricciones, perjudicando la coexistencia pacífica entre las comunidades de inmigrantes subsaharianos y las de los países norteafricanos.

Sin embargo, la mayoría de los inmigrantes subsaharianos mantienen una relación de rivalidad, desconfianza y competencia. En el mercado marroquí de Derb Sultan, una calle bulliciosa, los vendedores subsaharianos se han instalado uno al lado del otro. Esta proximidad geográfica crea una competencia feroz, ya que cada comerciante quiere ser la primera opción de los clientes que se pasean y discuten los precios. Este ambiente de rivalidad exacerbada sigue la lógica de una tensa competencia con los inmigrantes propietarios de las tiendas, que observan de cerca los movimientos de sus competidores, intentando imitar sus cálculos y nuevas colaboraciones... En el mercado senegalés de Casablanca, la situación competitiva es más aguda. Los inmigrantes subsaharianos, que venden incienso y joyas raras, muy apreciadas por los viajeros que buscan recuerdos únicos y preciosos, son los principales competidores.

Incluso "intentan reclutar empleados de la competencia ofreciéndoles mejores remuneraciones. Por eso las tensiones entre vendedores son habituales aquí" (Elmane, comerciante nigeriano, mercado de Casablanca).

No obstante, los esforzados inmigrantes en busca de mejores oportunidades económicas siguen siendo los "constructores de Mauritania. Si no fuera por ellos, el desierto seguiría ganando terreno. Pero les gusta trabajar y ganarse la vida decentemente" (Mahmout, 39 años, inmigrante senegalés, jefe de obra en Nuadibú).

FOTOGRAFÍA 21

GRUPO DE MIGRANTES TRABAJADORES DE LA CONSTRUCCIÓN EN NUADIBÚ

Fuente: Baye Masse, 2023.

Sin embargo, algunos residentes mauritanos y marroquíes tienen una visión negativa de la búsqueda de empleo de los inmigrantes subsaharianos. Consideran esta búsqueda de oportunidades como una competencia directa por empleos supuestamente "limitados". Por ello, algunos jóvenes nativos lanzan acusaciones contra los trabajadores inmigrantes, creyendo que están robando puestos de trabajo que deberían ser para ciudadanos marroquíes. A veces, estas acusaciones están alimentadas por prejuicios y estereotipos negativos debidos al "acceso limitado al mercado laboral formal". Muchos trabajadores inmigrantes se ven obligados a trabajar en empleos informales e inseguros, a menudo mal pagados y sin protección social.

Esta situación abre heridas sociales. Las tensiones en torno al acceso limitado al empleo determinan las relaciones entre estos trabajadores extranjeros y los marroquíes nativos, dando lugar a veces a fricciones, malentendidos y prejuicios, que perjudican la coexistencia pacífica entre las comunidades.

4.2. EL COCHE COMPARTIDO: UNA INNOVACIÓN DE LOS INMIGRANTES SUBSAHARIANOS EN EL TRANSPORTE TRANSAHARIANO

El coche compartido es una práctica habitual en este corredor que une Rosso, Nuakchot y Casablanca. Se trata de una forma de "transporte solidario" en el que los viajeros comparten asiento en un vehículo con un conductor para abaratar costes. Se ha convertido en un mercado dominado en gran medida por inmigrantes subsaharianos, sobre todo senegaleses, que, en su camino de Casablanca a Rosso para vender coches de segunda mano, recogen clientes interesados por el camino. Estos clientes suelen ser inmigrantes subsaharianos, temporeros que, según la temporada de cosecha, viajan entre Rosso y Casablanca hasta Fez. Íbamos a bordo de un Peugeot 5008 gris, con un conductor guineano, que se ponía en contacto con sus clientes para fijar sus puntos de encuentro. Este conductor comparte los gastos de combustible con estos clientes, lo que reduce considerablemente los gastos de viaje de estos emigrantes subsaharianos. Estos últimos suelen negociar horarios y rutas flexibles con el conductor. El éxito del coche compartido se basa en la confianza mutua entre conductores y pasajeros.

Por un lado, los pasajeros se aseguran de que el conductor es de fiar y cumple los acuerdos pactados por teléfono: asiento delantero para los viajeros de más edad, el límite de dos maletas por pasajero, la prohibición de transporter pescado. Por otro, el sistema de coche compartido refuerza los lazos sociales entre estos emigrantes subsaharianos, creando redes de ayuda mutua y contribuyendo a construir comunidades subsaharianas.

Este tipo de transporte se hace muy popular durante la fiesta de Tabaski. También conocida como Eíd al Adha (Día del Cordero), es el momento en el que el uso compartido del coche es más popular. Esta festividad musulmana marca un momento de celebración y reunión familiar, en el que muchos emigrantes subsaharianos (comerciantes y trabajadores) regresan a sus ciudades de origen para celebrarla con los suyos. De hecho, "en las semanas previas a Tabaski, movilizamos nuestras redes y organizamos viajes especiales en coche compartido para hacer frente al aumento de la demanda" (anónimo, conductor guineano, iniciador del coche compartido, Casablanca). Para ello, utilizan sus contactos entre los viajeros potenciales para llenar los vehículos y garantizar viajes seguros. Los pasajeros son conscientes de la gran demanda y están dispuestos a pagar un poco más de lo habitual para asegurarse su plaza en los coches compartidos. Esto significa que los precios suben durante las grandes fiestas religiosas: Magal de Touba, Gamou y Nimzat en Rosso-Senegal.

En nuestro primer viaje de vuelta de Casablanca a Nuadibú, fuimos testigos de un intercambio que muestra cómo pasajeros y conductores se comprometen con los acuerdos convenidos dentro del sistema de coche compartido. Era una mañana soleada y, al salir del mercado senegalés, un transportista con gafas ahumadas oscuras, un poco cómico, baja las ventanillas y nos saluda en wólof. Ese fue el detonante de un viaje compartido a Nuadibú y de ahí a Nuakchot. Cuando otros tres pasajeros se unieron a nosotros desde Agadir, nos dimos cuenta de que las conversaciones entre los viajeros y el conductor iban mucho más allá de los destinos y las tarifas. Discutieron abiertamente sus preferencias sobre la música que sonaría durante el viaje, los puntos de parada para tomar un refrigerio e incluso la temperatura en el interior del vehículo. Los pasajeros, por su parte, expresaron abiertamente sus preferencias en cuanto a los asientos, el espacio para las piernas y la posibilidad de hacer pausas para sacar fotos. En lugar de adoptar un sistema rígido, ambas partes negociaron y acordaron los detalles del viaje para garantizar que todos estuvieran cómodos y satisfechos en todo momento. Este nivel de personalización reflejaba la naturaleza flexible y adaptable del coche compartido en este corredor. A medida que avanzaba el viaje, estos acuerdos se ponían en práctica, confirmando que la relación entre conductores y pasajeros iba más allá de la de un simple servicio de transporte. Se trataba más bien de una colaboración mutuamente beneficiosa, que ponía de relieve como este viaje compartido iba más allá de un simple intercambio monetario y que formaba parte de una dinámica más amplia de intercambio social, negociación informal y fomento de un espíritu de comunidad y de compartir a lo largo del trayecto.

Sin embargo, los vehículos compartidos suelen estar bastante sobrecargados de mercancías debido a que los clientes rara vez respetan el límite de equipaje indicado por el conductor, lo que afecta a la comodidad de los pasajeros y a la capacidad de transporte de mercancías.

4.3. LAS BULLICIOSAS CALLES DEL MERCADO: LA INFLUENCIA DE LOS INMIGRANTES SUBSAHARIANOS EN EL COMERCIO MINORISTA

El comercio transahariano se caracteriza por la distribución al por menor, en la que las mercancías se ofrecen a la venta a los consumidores locales. Se instalan puestos, casetas y tiendas en los mercados locales, que constituyen zonas comerciales específicas para ofrecer a los consumidores un acceso directo a los productos importados. Los inmigrantes fulani subsaharianos son los más representativos de la categoría de comerciantes minoristas. Compran pequeñas cantidades de mercancías a los mayoristas para revenderlas al por menor. Esto permite que los productos lleguen a un público más amplio y diverso en las calles y "mercados de segunda zona" de Mauritania (mercado Maroc, mercado del Cinquième, mercado Capitale, mercado Premier Robinet) y, de forma continua, hasta Rosso (mercado Cité Niakh). Aunque de pequeña escala, los mercados Khayrane y Quatrième Robinet de Nuadibú son también puntos de venta al por menor de productos alimentarios.

La artesanía senegalesa también es muy popular entre los clientes de Marruecos. Entre ellos se encuentran los accesorios tradicionales de peluquería, los pendientes femeninos, los tatuajes y las brillantes prendas tradicionales multicolores conocidas como "thioup".

FOTOGRAFÍA 22

PUESTO DE VERDURAS EN EL MERCADO CHAIRANE DE NUADIBÚ

Fuente: Baye Masse, 2023.

CUADRO 1

PRODUCTOS Y MERCANCÍAS VENDIDOS AL POR MENOR POR LOS INMIGRANTES SUBSAHARIANOS

VERDURAS FRESCAS	FRUTA	ESPECIAS	OTROS
Cebollas, nabos, tomates rojos	Mandarinas, naranjas	Pimientos, mostaza	Ropa de segunda mano de marcas extranjeras
Setas, coles, berenjenas	Sandías, melones	Pimienta, sal	Utensilios de cocina
Okra, pepino, lechuga	Manzanas, plátanos	Tamarindo, laurel	Accesorios de aseo
Patatas	Limones, calabazas	Perejil, ajo	Alimentos procesados

Fuente: Baye Masse, 2022.

Además, los camiones frigoríficos marroquíes que atraviesan este corredor tienen un profunda relevancia comercial. Más allá de su función de transporte, hemos observado que cuando los camiones marroquíes están aparcados en el corazón de los mercados y delante de los almacenes, desencadenan en los clientes una asociación subconsciente con la frescura y la calidad de los productos. Poseen un poderoso simbolismo comercial que parece garantizar la frescura, porque su presencia evoca productos que vienen de lejos, de otro lugar del desierto, del otro lado de la frontera, atrayendo a los vendedores locales como polillas alrededor de una luz. Por ello, los inmigrantes subsaharianos, sobre todo los comerciantes senegaleses de la etnia tucolor se instalan cerca de estos gigantescos camiones blancos como hábil estrategia para atraer al mayor número posible de clientes.

FOTOGRAFÍA 23

PARADA DE CAMIONES FRIGORÍFICOS QUE LOS PEQUEÑOS COMERCIANTES SUBSAHARIANOS UTILIZAN PARA ATRAER CLIENTES EN EL MERCADO DE SOSSIME, EN NUAKCHOT

Fuente: Baye Masse, 2023.

Esta relación entre los camiones frigoríficos marroquíes, la astucia de los vendedores y la curiosidad nace de una asociación visual entre los clientes que expresan su confianza en la buena reputación de los productos marroquíes. Entonces, al ver a estos vendedores junto a los camiones, los clientes y consumidores se sienten más inclinados a comprar, suponiendo que los productos han sido transportados en condiciones ideales. Esto ilustra cómo los símbolos y las percepciones desempeñan un papel crucial en las prácticas comerciales de la ruta transahariana. Todo hace pensar que los productos parecen dotados de un valor suplementario por el mero hecho de estar expuestos junto a estos camiones frigoríficos marroquíes a los que se dirigen instintivamente los consumidores, deseosos de acceder a mercancías de calidad. Por ello, estos vendedores subsaharianos compiten por una posición privilegiada junto a estos camiones, sabiendo que ello influirá positivamente en la percepción de sus ofertas. De este modo, las paradas de camiones frigoríficos marroquíes se convierten en espacios de negociación comercial que van mucho más allá de un simple punto de intercambio. De hecho, fuimos testigos de una situación que refleja la representación social de los camiones frigoríficos marroquíes entre los clientes. El conductor de un camión frigorífico marroquí en el mercado de Sossime apaga el motor y sale de su cabina. A continuación, saca con cuidado algunos alimentos y una pequeña bombona de butano de la caja de almacenamiento de apertura lateral. Su gesto refleja una rutina silenciosa pero esencial en su vida de conductor de larga distancia. Nada más empezar a preparar la comida, el lugar empieza a bullir de actividad. Inmigrantes subsaharianos bullen alrededor del camión frigorífico. Intentan colocar sus puestos cerca del vehículo. La escena se convierte en un espectáculo en sí misma. Desembalan sus mercancías con entusiasmo y agilidad, creando un mosaico de productos locales: frutas, verduras, especias y otros artículos repartidos alrededor de los gigantescos camiones blancos. El encanto se ejerce sobre los clientes, que poco a poco se acercan a los puestos con ojos naturalmente atraídos por la presencia de los camiones frigoríficos y los ansiosos vendedores subsaharianos. Este vínculo entre el camión y la frescura de los productos que se establece en la mente de los clientes demuestra que los camiones frigoríficos trascienden su función utilitaria para convertirse en iconos del comercio transahariano. Configuran las interacciones entre los vendedores subsaharianos y los clientes locales.

CONCLUSIÓN

Este ensayo ha tratado de abordar desde una nueva perspectiva las migraciones intraafricanas, en particular la inmigración subsahariana hacia el Magreb. Hemos observado estos movimientos subsaharianos en su globalidad, basándonos en un corredor largo y lleno de pruebas. Mediante un enfoque etnográfico multisituado, hemos sido testigos de acontecimientos concretos y de hechos y prácticas importantes que de otro modo no habríamos podido conocer.

En conclusión, podemos decir que la inmigración subsahariana presenta varios perfiles de actores "discretos" poco documentados en la literatura académica disponible. Estos inmigrantes subsaharianos no han llegado a Nuakchot y Casablanca por casualidad. Han cruzado fronteras, se han sometido a controles en los checkpoints y realizan escalas migratorias específicas a lo largo de este corredor. Además, no son actores pasivos. Son emigrantes activos que contribuyen al desarrollo de actividades comerciales y logísticas en las zonas donde nos alojamos con ellos. En este sentido, la inmigración subsahariana lleva el germen de la integración regional africana. Genera importantes ingresos para el desarrollo regional, con una fértil oferta de mano de obra en almacenes, mercados y talleres. Sin embargo, los ingresos generados por estos inmigrantes subsaharianos en Mauritania y Marruecos no conllevan una mejora de las infraestructuras y los servicios sociales básicos, que dejan mucho que desear. El lamentable estado de algunas carreteras, que no funcionan en periodos de inundaciones, la falta de agua potable, la disponibilidad de aseos limpios en los mercados y de áreas de descanso mejor equipadas son otras tantas carencias. No obstante, la inmigración subsahariana es un movimiento desde el Sur hacia destinos en el Sur, en particular los países del Norte de África. Además, dentro de cinco o diez años, los inmigrantes subsaharianos aspiran a iniciar proyectos económicos en los sectores informático (software de inventario para el trabajo en almacén) y tecnocientífico (sistema de refrigeración para la conservación de productos hortofrutícolas perecederos). Estos proyectos de futuro, en fase de lanzamiento, gestación y producción, sentarán las bases de una nueva era que puede calificarse de "SaharaTech" en el desarrollo de la inmigración subsahariana. Así pues, contrariamente a la creencia popular, para estos inmigrantes subsaharianos existe realmente un "El Dorado" afromagrebí.

BIBLIOGRAFÍA

Bredeloup, S. y Pliez, O. (s.f.): Migrations entre les deux rives du Sahara (vol. 4), Éditions d'Autrepart, Ginebra.

Dimé, M. (2016): "Au confluent de "l'arabité" et de "l'afriquité"? Le territoire-frontière de Rosso comme espace de déploiement de dynamiques ambivalentes d'intégration transnationale entre le Sénégal et la Mauritanie", en Mamadou Diouf y Souleymane Bachir Diagne, Les sciences sociales au Sénégal: Mise à l'épreuve et nouvelles perspectives, CODESRIA, Dakar.

El Miri, M. (2018): "Devenir 'noir' sur les routes migratoires: racialisation des migrants subsahariens et racisme global", Sociologie et Sociétés, 50(2), L. P. Montréal, Montreal.

García, J.; Álvarez, A. y Rubio, M. (2011): "Prismas trasescalares en el estudio de las migraciones", Revista de Antropología Social, 20, pp. 203-228.

Lapassade, G. (2002): "Observation participante", en Jacqueline Varus-Michel, Eugène Enriquez, André Levy, Vocabulaire de psychologie, Éditions Érès, Toulouse, pp. 375- 390.

Malinowski, B. (1993): Moeurs et coutumes des Mélanésiens, Payot, París.

Marcus, G. (1995): "Ethnography in/of the World System: The Emergence of Multi-Sited Ethnography", Annual Review of Anthropology, 24, pp. 95-117.

Mehdi, A. (2005): "La migration transnationale des africains subsahariens au Magrheb: l'exemple de l'étape marocaine", Horizons Maghrébin, 53, pp. 79-88.

Peneff, J. (2009): Le gout de l'observation, La Découverte, París.

Tarrius, A. (2002): La mondialisation par le bas. Les nouveaux nomades de l'économie souterraine, Balland, París.

UN DESA (2020): International Migrant Stock.